Descobrir Jogos Online Grátis

Disponível Aqui:

BestActivityBooks.com/FREEGAMES

5 DICAS PARA COMEÇAR

1) CÓMO RESOLVER LAS SOPA DE LETRAS

Os puzzles têm um formato clássico:

- As palavras estão escondidas sem espaços ou hífenes,...
- Orientação: As palavras podem ser escritas para a frente, para trás, para cima, para baixo ou na diagonal (podem ser invertidas).
- As palavras podem sobrepor-se ou intersectar-se.

2) APRENDIZAGEM ACTIVA

Ao lado de cada palavra há um espaço para anotar a tradução. Para encorajar a aprendizagem activa, um **DICIONÁRIO** no final desta edição permitir-lhe-á verificar e expandir os seus conhecimentos. Procure e anote as traduções, encontre-as no puzzle e adicione-as ao seu vocabulário!

3) MARCAR AS PALAVRAS

Pode inventar o seu próprio sistema de marcação - talvez já use um? Pode também, por exemplo, marcar palavras difíceis de encontrar com uma cruz, palavras favoritas com uma estrela, palavras novas com um triângulo, palavras raras com um diamante, e assim por diante.

4) ESTRUTURANDO A APRENDIZAGEM

Esta edição oferece um **CADERNO DE NOTAS** prático no final do livro. Nas férias, em viagem ou em casa, pode facilmente organizar os seus novos conhecimentos sem a necessidade de um segundo caderno!

5) JÁ TERMINOU TODAS AS GRELHAS?

Nas últimas páginas deste livro, na secção **DESAFIO FINAL**, encontrará um jogo gratuito!

Rápido e fácil! Consulte a nossa colecção de livros de actividades para o seu próximo momento de diversão e **aprendizagem**, a apenas um clique de distância!

Encontre o seu próximo desafio em:

BestActivityBooks.com/MeuProximoLivro

Aos vossos lugares, preparem-se...Vão!

Sabia que existem cerca de 7.000 línguas diferentes no mundo? As palavras são preciosas.

Adoramos línguas e temos trabalhado arduamente para criar livros da mais alta qualidade para si. Os nossos ingredientes?

Uma selecção de tópicos adequados à aprendizagem, três boas porções de entretenimento, e depois acrescentamos uma colherada de palavras difíceis e uma pitada de palavras raras. Servimo-los com amor e máximo divertimento, para que possa resolver os melhores jogos de palavras e se divirta a aprender!

A sua opinião é essencial. Pode participar activamente no sucesso deste livro, deixando-nos um comentário. Gostaríamos de saber o que mais lhe agradou nesta edição.

Aqui está um link rápido para a sua página de encomendas:

BestBooksActivity.com/Avaliacoes50

Obrigado pela vossa ajuda e divirtam-se!

A Equipa Inteira

1 - Dirigindo

```
U  Z  R  G  B  O  M  T  V  D  D  R  M  A
L  İ  S  A  N  S  O  O  R  T  M  T  K  C
M  P  L  R  A  Y  T  P  U  A  Y  N  P  C
H  O  Z  A  H  A  O  T  A  T  F  H  D  T
B  L  T  J  A  Y  S  G  O  J  S  İ  I  A
F  İ  E  O  F  A  İ  A  H  N  H  U  K  Ş
A  S  H  V  R  K  K  R  A  B  O  B  K  I
I  T  L  L  E  A  L  A  R  K  B  F  A  M
S  R  İ  T  N  C  E  B  İ  J  Y  F  T  A
R  S  K  V  L  S  T  A  T  Y  Y  K  K  C
Y  L  E  V  E  R  O  G  A  Z  O  U  I  I
B  Q  Y  P  R  Y  A  K  I  T  L  E  M  L
T  E  M  N  İ  Y  E  T  A  Y  T  A  D  I
T  T  Ü  N  E  L  O  A  E  K  A  Z  A  K
```

KAZA	MOTOSİKLET
ARABA	MOTOR
YAKIT	YAYA
DIKKAT	TEHLIKE
YOL	POLİS
FRENLER	SOKAK
GARAJ	EMNİYET
GAZ	TAŞIMACILIK
LİSANS	TRAFİK
HARİTA	TÜNEL

2 - Atividades

```
L  J  F  T  V  H  S  N  F  Y  R  B  C  S
M  K  F  Z  M  S  C  B  O  Ü  J  A  S  I
B  E  C  E  R  I  J  B  T  R  B  L  Z  H
O  A  V  U  V  Z  C  Z  O  Ü  A  I  M  I
Y  M  H  S  A  N  A  T  Ğ  Y  V  K  T  R
A  E  D  Ç  U  I  H  G  R  Ü  C  Ç  S  A
M  Y  A  T  I  N  B  O  A  Ş  I  I  E  H
A  L  P  R  K  V  T  Y  F  R  L  L  R  A
Z  E  V  K  G  R  A  U  Ç  V  I  I  A  T
B  O  Ş  J  K  G  S  N  I  Q  K  K  M  L
Q  K  L  B  L  U  B  L  L  B  Q  J  İ  A
O  U  S  B  C  K  O  A  I  I  O  S  K  M
F  M  V  A  S  Z  P  R  K  T  K  C  R  A
J  A  F  T  V  V  I  Y  O  H  N  H  D  N
```

SANAT	BOŞ
AVCILIK	OKUMA
YÜRÜYÜŞ	SIHIR
SERAMİK	BALIKÇILIK
FOTOĞRAFÇILIK	BOYAMA
BECERI	ZEVK
BAHÇIVANLIK	RAHATLAMA
OYUNLAR	

3 - Churrascos

```
S  O  S  A  R  K  A  D  A  Ş  L  A  R  D
L  N  O  D  E  F  S  N  F  Y  L  Z  P  O
Z  Z  Ğ  I  A  D  Y  U  Q  M  C  K  Y  M
P  Y  A  Z  V  V  B  Q  S  J  R  S  D  A
Ç  Z  N  G  U  E  E  A  S  U  J  A  Z  T
O  B  T  A  V  U  K  T  J  R  S  L  J  E
C  Y  O  R  R  M  E  Y  V  E  E  A  R  S
U  M  U  A  I  L  E  R  P  M  B  T  V  L
K  C  Ü  N  B  I  B  E  R  N  Z  A  L  E
L  K  B  Z  L  L  A  M  S  P  E  L  B  R
A  O  Z  Q  I  A  Ç  L  I  K  L  A  I  L
R  N  F  O  E  K  R  K  C  F  E  R  Ç  D
Z  S  F  N  T  U  Z  Y  A  S  R  T  A  O
Z  C  E  U  V  F  I  T  K  S  I  O  K  B
```

ARKADAŞLAR	OYUNLAR
SOĞAN	SEBZELER
DAVET	SOS
ÇOCUKLAR	MÜZIK
BIÇAK	BIBER
AILE	SICAK
AÇLIK	TUZ
TAVUK	SALATALAR
MEYVE	DOMATESLER
IZGARA	YAZ

4 - Pesca

```
B C V S B I R U J Y H A J E
J U I E O V U V T N J Ğ A S
N I I Z T L V E K N U I P A
S D A O E J U F P I U R N B
I I B N L V I N Q L Y L Z I
A B A R T I L M G K E I S R
O C V N E H I R Ö A M K T U
K R Ç E N E L S L N Ç T V B
Y N M I L O N I U C J L H C
A G K L P U Z S Y A N Y A A
N I U Y L I E J E T P T D R
U I H T A K M E A P T J U A
S Y B V J U S H O R E B E G
F V J C J Q P U S S B T R V
```

SU   GÖL
BOT   ÇENE
SOLUNGAÇLAR   OKYANUS
SEPET   SABIR
ABARTI   AĞIRLIK
TEL   PLAJ
KANCA   NEHIR
YEM   SEZON

5 - Geologia

```
T  K  L  Y  K  Z  J  L  Y  R  V  R  Y  D
O  Z  B  H  A  S  İ  T  B  Ö  L  G  E  E
D  Z  M  D  T  Y  F  D  G  U  I  C  T  P
Ö  R  E  Q  M  K  L  K  N  F  C  Z  A  R
N  M  A  Ğ  A  R  A  A  C  O  I  C  Ş  E
G  İ  V  K  N  İ  K  A  L  S  İ  Y  U  M
Ü  N  O  C  B  S  S  E  O  İ  L  G  L  E
L  E  L  N  K  T  J  A  R  L  A  R  Q  R
E  R  K  B  Z  A  K  Q  R  O  V  A  I  C
R  A  A  S  T  L  U  M  B  K  Z  N  N  A
N  L  N  H  N  L  V  H  D  M  I  Y  J  N
S  L  D  T  B  E  A  K  I  T  A  T  O  A
K  E  D  U  J  R  R  P  I  I  S  T  Z  N
C  R  M  Z  F  Z  S  S  Q  K  Z  R  C  D
```

ASİT	FOSİL
KATMAN	LAV
MAĞARA	MİNERALLER
KALSİYUM	TAŞ
DÖNGÜLER	YAYLA
KITA	KUVARS
MERCAN	TUZ
KRİSTALLER	DEPREM
EROZYON	VOLKAN
SARKIT	BÖLGE

6 - Tempo

```
L  L  G  P  G  V  A  C  Z  G  J  B  E  V
A  Ş  J  N  Ü  E  U  U  F  C  Q  D  J
Y  İ  F  P  N  J  Ç  Y  T  B  H  H  Q  C
Ü  M  G  I  V  G  İ  M  E  V  K  A  S  Ö
Z  D  A  K  İ  K  A  S  I  B  V  F  A  Ğ
Y  I  N  G  V  F  G  H  O  Ş  L  T  A  L
I  M  U  Z  Y  D  E  Q  B  T  A  A  T  E
L  M  H  O  P  E  L  A  N  S  A  B  A  H
Ö  N  C  E  Q  C  E  Y  B  F  D  U  K  L
O  B  H  N  N  R  C  L  G  V  T  G  I  L
N  T  L  P  G  J  E  İ  T  Y  D  Ü  N  V
Y  S  D  E  J  E  K  S  U  P  I  N  J  L
I  V  Z  P  J  T  C  R  C  V  T  L  G  T
L  T  A  K  V  İ  M  E  Y  I  L  L  I  K
```

ŞIMDI	SABAH
YIL	ÖĞLE
ÖNCE	AY
YILLIK	DAKİKA
TAKVIM	AN
ON YIL	GECE
GÜN	DÜN
GELECEK	GEÇMIŞ
BUGÜN	HAFTA
SAAT	YÜZYIL

7 - Astronomia

Y	E	R	Ç	E	K	İ	M	İ	Q	O	M	I	F
R	K	T	A	S	T	R	O	N	O	M	J	N	F
L	İ	A	G	G	Ö	K	A	D	A	T	R	C	K
A	N	K	Ö	B	S	F	G	R	F	K	F	N	S
S	O	I	K	U	I	N	Y	B	M	O	G	M	Ü
T	K	M	Y	L	T	O	P	R	A	K	Z	D	P
R	S	Y	Ü	U	R	A	S	A	T	H	A	N	E
O	T	I	Z	T	G	N	P	O	L	B	Z	S	R
N	U	L	Ü	S	E	Ö	M	E	T	E	O	R	N
O	T	D	K	U	Z	E	K	T	R	H	A	G	O
T	U	I	F	I	E	O	V	S	F	O	Y	Ü	V
P	L	Z	A	J	G	H	U	R	E	V	K	N	A
N	M	I	Z	D	E	K	C	Y	E	L	M	E	E
Y	A	B	I	O	N	I	Q	L	R	N	G	Ş	T

ASTRONOT
ASTRONOM
GÖKSEL
GÖKYÜZÜ
TAKIMYILDIZ
TUTULMA
EKİNOKS
ROKET
GÖKADA
YERÇEKİMİ

AY
METEOR
BULUTSU
RASATHANE
GEZEGEN
GÜNEŞ
SÜPERNOVA
TOPRAK
EVREN

8 - Circo

```
D  T  F  N  H  B  M  P  A  P  B  J  Ç  S
J  H  İ  L  E  N  A  A  K  V  İ  L  A  İ
A  D  L  B  U  M  Y  L  R  J  L  J  D  H
V  U  P  R  G  D  M  Y  O  B  E  J  I  İ
T  D  H  G  T  A  U  A  B  N  T  E  R  R
L  F  A  S  L  A  N  Ç  A  Q  L  M  R  B
J  G  D  L  P  Ş  E  O  T  Q  N  A  B  A
A  T  M  U  H  T  E  Ş  E  M  Q  Z  R  Z
A  I  A  L  U  I  I  K  K  O  S  T  Ü  M
H  O  K  K  A  B  A  Z  E  G  A  S  F  E
H  A  Y  V  A  N  L  A  R  R  L  I  N  M
M  Ü  Z  I  K  A  P  L  A  N  A  H  B  K
L  Z  K  H  U  A  B  A  M  E  Y  I  C  V
H  D  V  R  K  R  C  S  E  Y  I  R  C  I
```

AKROBAT	MAYMUN
HAYVANLAR	SIHIR
BALONLAR	HOKKABAZ
BİLET	SİHİRBAZ
ALAY	MÜZIK
ŞEKER	PALYAÇO
FIL	ÇADIR
SEYIRCI	KAPLAN
MUHTEŞEM	KOSTÜM
ASLAN	HILE

9 - Acampamento

```
T  A  C  J  G  P  T  S  K  C  F  H  M  S
Q  S  V  F  L  A  U  B  M  R  E  A  A  H
B  M  Ş  A  P  K  A  S  F  G  N  R  C  A
H  K  O  R  M  A  N  G  U  Ö  E  İ  E  M
A  T  E  Ş  Q  B  N  C  Y  L  R  T  R  A
Y  V  R  N  I  İ  F  T  C  B  A  A  A  K
V  G  C  J  B  N  Q  S  D  S  T  C  Ğ  P
A  N  J  I  O  K  T  I  E  D  D  T  A  J
N  P  Q  Z  L  Q  L  Y  A  K  O  B  Ç  U
L  Y  H  V  M  I  S  M  D  A  Ğ  Ö  L  Ç
A  B  K  Q  M  A  K  A  Z  N  A  C  A  A
R  U  Y  O  D  L  V  M  P  O  Z  E  R  D
N  Y  A  Z  Y  J  T  I  D  A  D  K  A  I
O  C  K  T  M  B  I  P  R  D  K  I  Y  R
```

HAYVANLAR	ATEŞ
MACERA	BÖCEK
AĞAÇLAR	GÖL
PUSULA	FENER
KABİN	AY
AVCILIK	HAMAK
KANO	HARİTA
ŞAPKA	DAĞ
IP	DOĞA
ORMAN	ÇADIR

10 - Emoções

```
R  Q  Z  D  R  M  B  T  I  M  B  S  Ö  K
H  U  Z  U  R  A  U  D  S  E  A  A  F  O
S  E  V  İ  N  Ç  H  T  D  M  R  K  K  R
I  Ü  H  M  Z  Y  E  A  L  N  I  I  E  K
K  Z  L  A  L  R  Y  U  T  U  Ş  N  D  U
I  Ü  C  S  S  J  E  R  S  N  L  M  R  F
N  N  G  Z  E  S  C  F  A  L  R  U  I  N
T  T  A  K  M  S  A  A  Ş  K  D  Y  K  Y
I  Ü  P  K  P  T  N  S  A  T  R  O  J  P
L  R  L  G  A  B  L  V  İ  Q  O  I  V  C
M  H  U  S  T  K  I  F  P  Y  Z  L  N  K
V  E  N  T  İ  Z  P  Y  T  Q  E  E  Q  I
M  I  N  N  E  T  T  A  R  Y  O  T  Q  D
N  E  Z  A  K  E  T  A  Y  A  R  H  S  B
```

SEVİNÇ	ÖFKE
AŞK	RAHAT
HEYECANLI	MEMNUN
MUTLULUK	SEMPATİ
NEZAKET	HASSASİYET
SAKIN	SIKINTI
MINNETTAR	HUZUR
KORKU	ÜZÜNTÜ
BARIŞ	

11 - Ficção Científica

```
P  A  T  L  A  M  A  Ş  I  R  I  K  G  A
G  I  Z  E  M  L  I  Y  J  L  P  İ  E  T
F  Ü  T  Ü  R  I  S  T  I  K  O  T  R  E
Y  F  D  G  O  H  A  Y  A  L  İ  A  Ç  Ş
K  A  Ü  D  B  A  Z  G  Z  C  V  P  E  O
E  N  N  D  O  U  G  S  E  O  V  L  K  J
H  T  Y  I  T  A  T  F  U  Z  A  A  Ç  M
A  A  A  C  L  G  O  Q  S  I  E  R  İ  F
N  S  H  A  A  S  İ  N  E  M  A  G  O  G
E  T  R  T  R  L  A  A  T  Z  U  U  E  T
T  I  I  O  E  N  C  M  S  E  Y  Z  B  N
T  K  J  M  V  N  E  T  A  C  P  N  A  V
O  S  G  İ  T  E  K  N  O  L  O  J  I  K
D  G  Ö  K  A  D  A  Ü  T  O  P  Y  A  E
```

ATOMİK
SİNEMA
UZAK
PATLAMA
AŞIRI
FANTASTIK
ATEŞ
FÜTÜRISTIK
GÖKADA
YANILSAMA

HAYALİ
KİTAPLAR
GIZEMLI
DÜNYA
KEHANET
GEZEGEN
GERÇEKÇİ
ROBOTLAR
TEKNOLOJI
ÜTOPYA

12 - Mitologia

```
S  K  N  K  Ü  L  T  Ü  R  A  O  K  K  M
E  C  U  C  J  R  A  S  K  L  Y  A  V  U
R  J  M  V  M  H  T  B  N  A  Q  H  G  Z
R  T  U  K  V  Z  Y  U  F  B  N  R  Ö  A
E  U  N  Y  S  E  R  D  C  İ  E  A  K  F
Ö  F  E  S  E  J  T  D  F  R  E  M  G  F
L  I  S  Y  F  E  L  A  K  E  T  A  Ü  E
Ü  N  A  A  D  A  C  V  I  N  R  N  R  R
M  T  V  R  N  D  R  R  Q  T  Z  V  Ü  D
L  I  A  A  K  E  E  A  B  Ü  Y  Ü  L  Ü
Ü  K  Ş  T  S  C  A  N  A  V  A  R  T  O
D  A  Ç  I  Q  Y  L  I  K  T  Q  Y  Ü  K
U  M  I  K  J  O  I  Ş  C  Z  B  V  S  H
Y  I  L  D  I  R  I  M  P  L  S  Y  Ü  L
```

NUMUNE	EFSANE
DAVRANIŞ	BÜYÜLÜ
YARATIK	CANAVAR
KÜLTÜR	ÖLÜMLÜ
FELAKET	YILDIRIM
KUVVET	MUZAFFER
SAVAŞÇI	GÖK GÜRÜLTÜSÜ
KAHRAMAN	INTIKAM
LABİRENT	

13 - Medições

A	H	P	K	B	L	L	Y	E	C	O	Y	K	V
D	A	K	İ	K	A	L	U	C	V	N	Ü	İ	G
E	C	V	L	T	Q	Y	K	F	U	D	K	L	V
R	I	C	O	Z	S	Z	T	D	Z	A	S	O	G
E	M	V	M	G	B	U	T	S	U	L	E	G	G
C	G	M	E	T	R	E	O	Q	N	I	K	R	R
E	G	U	T	I	F	V	N	A	L	K	L	A	U
N	Q	K	R	H	K	İ	R	Ğ	U	G	I	M	B
D	Z	D	E	R	I	N	L	I	K	M	K	G	D
T	G	Z	O	R	T	Ç	J	R	L	O	N	S	I
G	E	N	I	Ş	L	I	K	L	V	İ	P	M	N
R	V	C	G	E	E	L	M	I	R	S	T	P	O
A	N	Y	Z	Y	T	V	Q	K	I	R	H	R	L
M	N	R	S	A	N	T	İ	M	E	T	R	E	E

YÜKSEKLIK
BAYT
SANTİMETRE
UZUNLUK
ONDALIK
GRAM
DERECE
GENIŞLIK
LİTRE
KITLE

METRE
DAKİKA
ONS
AĞIRLIK
İNÇ
DERINLIK
KİLOGRAM
KİLOMETRE
TON
HACIM

14 - Plantas

```
R  P  C  A  N  S  R  N  D  A  J  Y  Y  K
J  B  J  Q  F  A  S  U  L  Y  E  O  E  T
B  İ  C  C  O  R  M  A  N  M  U  S  Ş  F
I  T  Y  Z  R  M  N  F  G  J  K  U  İ  L
S  K  C  H  B  A  M  B  U  G  Y  N  L  O
K  İ  M  V  Z  Ş  Z  G  D  Q  J  K  L  R
D  Ö  S  G  V  I  B  U  L  L  Q  J  İ  A
J  R  K  N  T  K  A  K  T  Ü  S  N  K  S
G  T  B  O  T  A  N  İ  K  Ç  I  Ç  E  K
I  Ü  I  A  Y  A  P  R  A  K  O  T  A  D
L  S  B  N  H  O  V  Ç  I  M  E  N  Ğ  Y
K  Ü  O  R  H  Ç  A  L  I  Q  H  J  A  G
U  U  O  M  E  S  E  D  U  T  K  D  Ç  O
Y  P  I  Z  F  C  J  Z  V  U  D  P  P  A
```

ÇALI	FLORA
AĞAÇ	ORMAN
DUT	YEŞİLLİK
BAMBU	ÇİMEN
BOTANİK	SARMAŞIK
KAKTÜS	BAHÇE
OT	YOSUN
FASULYE	YAPRAK
GÜBRE	KÖK
ÇİÇEK	BİTKİ ÖRTÜSÜ

15 - Veículos

```
R  C  Z  F  R  L  S  A  A  E  V  T  Y  H
F  K  İ  E  M  O  T  O  R  H  V  A  N  G
U  A  N  R  B  F  K  E  Z  K  İ  K  S  G
A  M  M  İ  S  O  J  E  A  B  Q  S  M  A
H  Y  E  B  U  Ç  A  K  T  V  G  İ  J  V
E  O  T  O  U  A  R  A  B  A  V  M  R  S
L  N  E  T  H  L  N  V  J  Q  E  R  M  S
İ  D  E  N  İ  Z  A  L  T  I  S  Y  V  T
K  E  R  V  A  N  L  N  B  Y  O  R  M  R
O  S  A  L  P  V  H  C  S  İ  İ  B  E  A
P  C  F  D  B  I  S  İ  K  L  E  T  T  K
T  N  H  A  O  O  O  T  O  B  Ü  S  R  T
E  O  P  V  V  İ  T  M  U  J  F  V  O  Ö
R  C  Z  L  A  S  T  İ  K  L  E  R  O  R
```

AMBULANS
UÇAK
FERİBOT
BOT
BISIKLET
KAMYON
KERVAN
ARABA
ROKET
VAN

HELİKOPTER
SAL
METRO
MOTOR
OTOBÜS
LASTİKLER
DENİZALTI
TAKSİ
TRAKTÖR

16 - Restaurante # 2

```
N  C  E  L  F  F  P  H  Y  K  N  O  D  K
G  A  R  S  O  N  S  N  V  E  D  Z  J  A
T  M  E  Z  E  O  D  F  İ  K  Y  D  A  Ş
L  E  Z  Z  E  T  L  İ  F  C  D  U  E  I
Y  Y  Z  Z  R  A  D  Ç  V  B  U  Z  A  K
U  V  Q  S  İ  T  S  A  N  D  A  L  Y  E
M  E  G  B  Ş  E  S  T  N  R  V  L  L  C
U  V  L  A  T  U  E  A  J  Y  H  A  İ  Z
R  O  E  H  E  Z  B  L  Q  C  Q  D  E  K
T  O  P  A  C  O  Z  Ç  O  R  B  A  S  G
A  A  L  R  G  İ  E  A  H  Y  T  R  E  E
S  A  L  A  T  A  L  K  M  U  P  U  Z  H
G  U  V  T  Z  V  E  G  J  E  A  B  Z  T
R  A  F  V  S  F  R  N  M  N  E  K  H  U
```

MEZE	ÇATAL
SU	BUZ
KEK	SEBZELER
SANDALYE	ERİŞTE
KAŞIK	YUMURTA
LEZZETLI	BALIK
BAHARAT	TUZ
MEYVE	SALATA
GARSON	ÇORBA

17 - Países #2

```
Y  G  İ  R  L  A  N  D  A  G  F  T  J  L
H  T  N  U  K  R  A  Y  N  A  I  I  A  Ü
A  J  O  S  O  M  A  L  İ  J  C  K  P  B
İ  R  P  Y  Y  U  N  A  N  I  S  T  A  N
T  G  N  A  O  O  C  K  E  C  D  P  F  A
İ  H  İ  A  N  E  P  A  L  C  A  A  K  N
M  F  J  C  V  R  S  N  A  G  N  K  H  U
P  R  E  K  I  U  A  U  O  E  İ  I  J  G
B  A  R  R  Y  F  T  I  S  A  M  S  A  A
C  N  Y  O  V  F  V  L  Z  M  A  T  M  N
B  S  A  F  U  A  P  E  U  S  R  A  A  D
S  A  M  E  K  S  İ  K  A  K  K  N  İ  A
S  U  R  İ  Y  E  S  F  O  I  A  E  K  A
J  A  P  O  N  Y  A  A  F  E  U  G  A  Q
```

ARNAVUTLUK
DANİMARKA
FRANSA
YUNANISTAN
HAİTİ
İRLANDA
JAMAİKA
JAPONYA
LAOS
LÜBNAN

MEKSİKA
NEPAL
NİJERYA
PAKISTAN
RUSYA
SURİYE
SOMALİ
UKRAYNA
UGANDA

18 - Cozinha

```
F  Y  K  R  S  Ü  N  G  E  R  Y  Ö  Ç  Z
O  G  V  S  N  Ü  S  V  G  Y  E  N  A  P
I  Z  G  A  R  A  R  P  M  D  M  L  T  G
D  T  A  S  S  O  Q  A  G  E  E  Ü  A  U
N  O  T  I  F  G  B  K  H  B  K  K  L  K
E  B  N  V  Y  V  K  L  B  I  B  E  L  A
D  T  F  D  B  K  L  D  K  Ç  A  P  A  V
T  I  I  K  U  M  E  Q  A  A  R  Ç  R  A
L  Z  R  F  Z  R  N  Z  Z  K  D  E  U  N
R  B  I  P  S  N  U  Z  A  P  A  Q  S  O
V  Q  N  T  E  K  Y  C  N  Z  K  Ş  D  Z
B  A  H  A  R  A  T  R  U  F  H  E  I  Y
P  E  Ç  E  T  E  L  D  B  H  I  I  Y  K
B  U  Z  D  O  L  A  B  I  C  Y  G  P  S
```

ÖNLÜK	FIRIN
KAZAN	DONDURUCU
KAŞIK	ÇATALLAR
YEMEK	BUZDOLABI
KEPÇE	IZGARA
BARDAK	PEÇETE
BAHARAT	KAVANOZ
SÜNGER	SÜRAHI
BIÇAK	TAS

19 - Brinquedos

```
V B U M C T V B H D J R T O
V I G Y R J J O A R A B A Y
N S B V A J H I Y T R B Y U
F I K O Y U N L A R O L B N
A K I İ U H S K L O B P O C
V L L S T Ç Q N G Z O L T A
O E I A Y A Z Ü B T Q Q K
R T F T M M P K C V Y K T B
I J Q R L B D L Ü Z V H D E
L V D A F T C B A Y L V A B
L N J N S I F Z B R E E V E
H L N Ç P M S F R I K L U K
B U H T V Y C G M P G H L A
U Ç U R T M A Z K A M Y O N
```

KIL	ARABA
UÇAK	FAVORI
BOT	HAYAL GÜCÜ
DAVUL	OYUNLAR
BISIKLET	KİTAPLAR
TOP	UÇURTMA
OYUNCAK BEBEK	ROBOT
KAMYON	SATRANÇ

20 - Verão

```
B O C R C A L A M E A L T D
Z A Y O M E V B Ü A O K M E
T R H U N Z M A Z Q A C Q N
B M L Ç N Q L C İ M N L R I
Y Q A B E L R İ K D Q V Y Z
O O R V S J A R İ J E H K B
P N P M N M O R T Z E S L O
S L I A R K A D A Ş L A R Ş
E U A G T S G N P S D N O L
Q Z N J S G A İ L E A D Z Y
R A H A T L A M A V L A O B
S P P H Y Z H F R İ I L T V
J O F U J K L U M N Ş E P I
D L D P K B F Z D Ç R T S M
```

SEVİNÇ

ARKADAŞLAR

EV

AILE

BAHÇE

OYUNLAR

BOŞ

KITAPLAR

DENIZ

DALIŞ

MÜZIK

PLAJ

RAHATLAMA

SANDALET

21 - Material de Arte

E	P	S	T	H	T	T	J	Y	M	G	U	E	I
G	J	K	U	R	U	F	A	H	J	G	K	S	T
U	N	Â	T	L	A	K	R	İ	L	İ	K	V	B
S	U	Ğ	K	Ş	U	K	A	L	E	M	L	E	R
H	P	I	A	Ö	M	B	R	J	Z	L	D	Y	L
K	L	T	L	V	L	O	O	E	V	Z	Y	K	U
F	I	R	Ç	A	L	A	R	Y	N	L	S	A	D
U	A	P	A	L	A	Z	O	E	A	K	İ	M	Ğ
S	T	G	O	E	N	O	F	K	I	L	L	E	C
Y	A	R	A	T	I	C	I	L	I	K	G	R	D
P	A	S	T	E	L	O	N	M	C	N	İ	A	R
S	A	N	D	A	L	Y	E	K	E	H	B	M	Y
M	Ü	R	E	K	K	E	P	H	M	M	A	S	A
O	I	E	C	T	P	U	M	S	P	U	T	N	R

AKRİLİK
SİLGİ
SULUBOYA
KIL
SU
SANDALYE
ŞÖVALE
KAMERA
TUTKAL

RENK
YARATICILIK
FIRÇALAR
KALEMLER
MASA
YAĞ
KÂĞIT
PASTEL
MÜREKKEP

22 - Números

```
K  O  N  Y  E  D  İ  B  U  T  İ  C  Q  G
Z  N  N  D  O  G  İ  D  T  N  G  J  D  J
B  A  O  Ü  Y  İ  R  M  İ  O  N  S  K  L
V  L  N  R  Ç  B  P  F  R  N  C  P  A  Q
F  T  I  Ü  Ç  V  N  V  S  D  O  K  U  Z
A  I  K  S  J  A  Z  C  Z  A  D  C  P  A
O  J  İ  P  2  Y  E  D  İ  L  Ö  O  F  O
Z  N  H  A  H  D  S  I  F  I  R  N  E  N
J  E  D  M  U  K  N  C  R  K  T  D  G  S
I  S  U  Ö  J  A  A  C  B  L  B  O  İ  E
B  E  S  E  R  L  H  P  I  Y  P  K  Z  K
E  K  V  J  R  T  Y  Q  T  O  P  U  E  İ
Ş  İ  V  F  O  I  Z  B  K  S  Q  Z  E  Z
B  Z  K  B  I  R  J  L  M  R  V  R  R  Y
```

BEŞ	ON DÖRT
ONDALIK	DÖRT
ON	ALTI
ON DOKUZ	YEDİ
ON ALTI	ON ÜÇ
ON YEDI	ÜÇ
ONSEKIZ	BIR
ON IKI	YIRMI
DOKUZ	YİRMİ
SEKİZ	SIFIR

23 - Ferramentas

```
L  H  T  E  N  F  F  K  K  O  C  M  P  V
O  I  C  D  E  F  K  N  H  A  Ç  E  E  I
R  D  T  T  P  K  L  N  R  C  E  Ş  N  D
P  G  I  U  Q  C  K  D  M  A  K  A  S  A
H  E  E  T  U  C  A  Ü  E  Y  I  L  E  D
V  U  H  K  F  V  B  B  R  T  Ç  E  I  U
Q  U  A  A  I  K  L  M  D  E  Q  G  S  S
R  O  P  L  S  Z  O  A  I  K  K  O  J  Q
A  N  O  G  C  B  Z  J  V  E  H  G  İ  R
N  B  P  Y  G  A  I  C  E  R  T  P  L  M
I  S  H  Y  C  L  M  Ç  N  L  I  P  E  Y
F  Y  R  O  M  T  B  C  A  E  F  H  T  V
V  D  V  K  T  A  A  J  K  K  G  E  F  B
S  T  K  D  Z  E  K  O  R  P  P  H  U  Y
```

PENSE	ÇEKIÇ
KABLO	JİLET
TUTKAL	VIDA
IP	KÜREK
MERDIVEN	TEKERLEK
BIÇAK	MAKAS
ZIMBA	MEŞALE
BALTA	

24 - Especiarias

```
K  M  F  K  K  P  M  D  K  A  L  K  R  I
İ  F  E  T  A  T  L  I  Ö  N  J  İ  E  G
M  H  R  Y  S  K  H  L  R  A  G  Ş  Z  Y
Y  Z  D  J  A  T  U  Z  İ  S  Q  N  E  K
O  E  G  Q  R  N  I  L  L  O  A  İ  N  Y
N  I  J  K  I  M  S  H  E  N  C  Ş  E  G
B  M  Q  E  M  B  I  B  E  R  I  U  O  O
Q  U  N  J  S  S  O  Ğ  A  N  D  B  E  D
A  M  U  E  A  L  E  Z  Z  E  T  T  S  G
D  E  I  E  K  V  A  N  İ  L  Y  A  A  P
C  E  V  İ  Z  Ş  O  A  E  Q  Z  R  F  Z
Z  E  N  C  E  F  I  L  U  R  U  Ç  R  F
G  O  S  U  F  Y  S  T  D  L  A  I  A  T
J  V  T  G  Z  D  N  E  H  J  K  N  N  U
```

SAFRAN	SOĞAN
MEYAN	KİŞNİŞ
SARIMSAK	KİMYON
ACI	TATLI
ANASON	REZENE
EKŞI	ZENCEFIL
VANİLYA	CEVİZ
TARÇIN	BIBER
KAKULE	LEZZET
KÖRİ	TUZ

25 - Aniversário

```
D Q S Ö F Z Q I B G F Ö K R
O D M L Ğ O H Q Ş L K Z P F
Ğ U O Y Y R H M B A J E E J
M C B I L G E L I K R L I N
U J G L S E C N F I N K E K
Ş J U G Ü N Z A M A N P I M
S B S J U Ç K D U E K A R T
K U T L A M A E T A K V I M
S Y H E D I Y E L Q M Y U D
V C K O H Z P F U T U Y B P
Q E Z O S V R N J V M Z I M
T R I M N E Ş E L I L T J B
U P O Z S Y J R J B A L A S
A R K A D A Ş L A R R N T S
```

NEŞELI	GÜN
ARKADAŞLAR	HEDIYE
YIL	ÖZEL
ÖĞRENMEK	MUTLU
KEK	GENÇ
TAKVIM	DOĞMUŞ
ŞARKI	BILGELIK
KART	ZAMAN
KUTLAMA	MUMLAR

26 - Casa

```
P M F K Ü T Ü P H A N E A T
E A M İ A B M P D I Z T Y A
N G U L F P L H T D G J N K
C L Q İ Q P I D V E A L A C
E G F M U E L K U V N N O P
R S M U T F A K J Ş A Q T E
E Ü O S G O D A S B H U Ş R
U P B L Ç A T I K A T I Ö D
T Ü I U I J R E E H A E M E
S R L K T R Z A K Ç R P İ L
H G Y O K M Y K J E L K N E
A E A F Q Y Y U M H A Y E R
Y L B J Z H F P Z Y R J A Y
D U V A R N L J T A V A N I
```

KÜTÜPHANE	ŞÖMİNE
ÇIT	MOBİLYA
ANAHTARLAR	DUVAR
DUŞ	KAPI
PERDELER	ODA
MUTFAK	ÇATI KATI
AYNA	KİLİM
GARAJ	TAVAN
PENCERE	MUSLUK
BAHÇE	SÜPÜRGE

27 - Vegetais

```
I  D  O  M  A  T  E  S  S  S  M  Ş  B  S
N  S  T  A  O  M  F  M  A  N  T  A  R  A
N  L  P  Z  L  L  V  A  L  B  Q  L  O  R
Z  P  G  A  U  E  T  Y  A  E  P  G  K  I
H  A  O  C  N  P  Q  D  T  Z  A  A  O  M
T  U  R  P  S  A  O  A  A  E  T  M  L  S
Z  R  H  T  O  T  K  N  L  L  A  Y  İ  A
H  E  G  N  Ğ  L  A  O  I  Y  T  T  E  K
Z  A  N  U  A  I  B  Z  K  E  E  N  V  L
H  L  V  G  N  C  A  Y  L  R  S  O  V  J
Y  K  E  U  İ  A  K  E  R  E  V  İ  Z  D
E  S  O  E  Ç  N  Z  E  N  C  E  F  I  L
C  S  K  A  R  N  A  B  A  H  A  R  K  Q
S  A  L  A  T  A  R  R  R  U  S  B  I  K
```

KABAK	KARNABAHAR
KEREVİZ	BEZELYE
ENGİNAR	ISPANAK
SARIMSAK	ZENCEFIL
PATATES	ŞALGAM
PATLICAN	SALATALIK
BROKOLİ	TURP
SOĞAN	SALATA
HAVUÇ	MAYDANOZ
MANTAR	DOMATES

28 - Exploração

```
C E S A R E T U R K Y B K O
V L N C C R R Z A E O R A R
T C B A N K T A Ö Ş R P R S
E J U D F L N Y Ğ I G I A I
H A Y V A N L A R F U U R O
L E H E A H V P E Q N Z L E
İ C J E N P N N C L A I D
K S O E Y I N G M S U K L I
E E Y Y T E M N E L K Z I L
L T S Q A E C E K C M Q K U
E M S E Y A H A T E T M E K
R D I V A H Ş İ N F U V Z Z
K Ü L T Ü R L E R G V S G O
B I L I N M E Y E N K D P N
```

HAYVANLAR	UZAY
ÖĞRENMEK	YORGUNLUK
CESARET	HEYECAN
KÜLTÜRLER	DIL
KEŞIF	YENI
BILINMEYEN	TEHLİKELER
KARARLILIK	VAHŞİ
UZAK	SEYAHAT ETMEK

29 - Balé

```
V  F  K  S  U  G  S  A  N  A  T  S  A  L
B  E  C  E  R  İ  S  E  Y  İ  R  C  I  A
R  A  T  Q  Y  D  N  G  L  H  S  B  P  F
İ  N  E  A  O  İ  K  C  V  İ  R  L  K  M
T  L  K  B  Ğ  M  Ü  Z  İ  K  C  D  O  G
İ  A  N  E  U  K  Z  O  F  C  T  A  R  Z
M  M  İ  P  N  B  A  L  E  R  İ  N  K  N
E  L  K  B  L  F  R  S  F  İ  H  S  E  Z
N  I  R  I  U  P  İ  J  L  L  S  Ç  S  P
S  G  Z  Z  K  P  F  K  A  A  E  İ  T  O
K  O  R  E  O  G  R  A  F  İ  R  L  R  Z
I  U  L  J  E  S  T  O  N  E  O  A  A  P
M  O  J  O  K  T  T  P  V  M  C  R  L  A
P  E  B  E  S  T  E  C  İ  A  L  K  I  Ş
```

ALKIŞ	ZARİF
SANATSAL	BECERI
BALERİN	YOĞUNLUK
BESTECI	KASLAR
KOREOGRAFİ	MÜZIK
DANSÇILAR	ORKESTRA
PROVA	SEYIRCI
TARZ	RİTİM
ANLAMLI	SOLO
JEST	TEKNİK

30 - Adjetivos #1

```
L  K  J  F  E  A  R  O  M  A  T  İ  K  O
S  A  N  A  T  S  A  L  M  O  D  E  R  N
A  Q  Y  S  P  P  C  M  H  G  T  Z  Q  Q
H  I  R  S  L  I  K  U  S  U  R  S  U  Z
T  F  J  Ç  K  A  G  T  B  K  S  S  C  I
F  R  M  P  E  I  E  L  C  Ö  M  E  R  T
K  B  Ü  Y  Ü  K  S  A  E  E  Z  O  Q  F
A  Ğ  I  R  T  I  I  K  L  G  I  D  D  E
R  Z  K  S  Ö  B  S  C  P  Z  N  Ü  E  G
A  K  U  D  A  N  G  G  I  O  C  R  Ğ  Ş
N  Y  A  V  A  Ş  E  I  B  T  E  Ü  E  U
L  O  B  H  N  G  B  M  N  I  P  S  R  G
I  G  I  Z  E  M  L  I  L  K  D  T  L  C
K  O  C  A  M  A  N  S  V  I  Q  Z  I  N
```

MUTLAK	BÜYÜK
HIRSLI	DÜRÜST
AROMATİK	ÖZDEŞ
SANATSAL	ÖNEMLI
ÇEKICI	YAVAŞ
KOCAMAN	GIZEMLI
KARANLIK	MODERN
EGZOTIK	KUSURSUZ
INCE	AĞIR
CÖMERT	DEĞERLI

31 - Insetos

```
K  Y  J  K  B  U  U  Y  R  H  M  M  S  G
A  A  F  S  B  Ö  Y  U  C  I  P  A  O  O
Ğ  P  R  Q  Q  U  C  E  V  İ  İ  N  L  P
U  R  S  I  F  A  A  E  Z  N  C  T  U  U
S  A  I  I  N  L  R  S  K  B  B  I  C  Ğ
T  K  V  C  D  C  I  P  İ  R  E  S  A  U
O  D  R  Z  K  L  A  L  A  R  V  A  N  R
S  İ  I  Y  U  S  U  F  Ç  U  K  Q  K  B
B  D  S  Y  A  B  A  N  A  R  I  S  I  Ö
Ö  S  I  G  D  K  U  D  S  Z  U  K  R  C
C  O  N  H  J  K  K  Ç  E  K  İ  R  G  E
E  T  E  R  M  İ  T  K  B  H  R  L  Ü  Ğ
Ğ  K  K  E  L  E  B  E  K  H  T  J  V  I
İ  V  M  Z  H  C  J  D  U  V  C  H  E  K
```

ARI	YUSUFÇUK
BÖCEK	MANTIS
KELEBEK	GÜVE
AĞUSTOSBÖCEĞİ	SOLUCAN
TERMİT	SIVRISINEK
KARINCA	PİRE
ÇEKİRGE	YAPRAKDİD
UĞUR BÖCEĞI	YABAN ARISI
LARVA	

32 - Paisagens

```
K Y J F Y V V S Z P V G O D
Ö A V P K O I A V Z A Ö Q O
R R Z I M L O T H I D L B O
F I L Z C K T F L A I O U F
E M S N B A T A K L I K Z R
Z A A T U N D R A N Q Y U Y
R D D O Z M A Ğ A R A A L V
H A A N D Ş C Ç J I Q N K U
Y M F E A T E Ö S S J U U D
D S S H Ğ V F L D T V S Z A
K E S I I G I E A U Z O T Ğ
M M N R P L A J L L D G E V
A U N I E L G A S N E Q P L
H K O V Z I V A B G Z M E K
```

ŞELALE	DAĞ
MAĞARA	VAHA
TEPE	OKYANUS
ÇÖL	BATAKLIK
BUZUL	YARIMADA
KÖRFEZ	PLAJ
BUZDAĞI	NEHIR
ADA	TUNDRA
GÖL	VADI
DENIZ	VOLKAN

33 - Dança

```
D  U  R  U  Ş  J  A  G  S  U  N  N  Q  J
O  U  L  O  V  B  R  E  G  E  D  F  B  K
M  M  Y  P  Ü  T  N  L  K  G  K  J  L  O
G  D  G  G  C  C  O  E  İ  Ü  K  O  G  R
A  B  J  U  U  S  A  N  A  T  L  R  E  E
K  N  R  İ  T  İ  M  E  F  J  A  T  Z  O
A  G  L  M  Ü  Z  İ  K  E  B  S  A  Ü  G
D  Ö  P  A  M  G  Z  S  K  A  İ  K  K  R
E  R  R  T  M  H  S  E  M  G  K  Z  F  A
M  S  O  İ  N  L  I  L  L  Ü  T  U  F  F
İ  E  V  D  J  T  I  R  C  U  A  J  L  İ
Y  L  A  K  Ü  L  T  Ü  R  E  L  P  Z  O
N  E  Ş  E  L  I  H  A  R  E  K  E  T  C
Y  R  K  B  E  A  M  Z  L  F  N  V  R  R
```

AKADEMİ	ANLAMLI
NEŞELI	LÜTUF
SANAT	HAREKET
KLASİK	MÜZIK
KOREOGRAFİ	ORTAK
VÜCUT	DURUŞ
KÜLTÜR	RİTİM
KÜLTÜREL	GELENEKSEL
DUYGU	GÖRSEL
PROVA	

34 - Nutrição

```
D  I  Y  E  T  I  I  T  Q  B  L  K  F  M
S  E  O  H  A  H  Ş  L  F  P  A  A  E  A
İ  A  N  O  B  B  O  T  K  Y  Ğ  L  R  L
N  B  Ğ  G  Y  F  B  Y  A  C  I  O  M  I
D  E  L  L  E  N  M  P  L  H  R  R  A  Ş
İ  S  I  V  I  L  A  R  I  G  L  İ  N  K
R  İ  M  S  E  K  I  H  T  L  I  V  T  A
İ  N  G  I  D  B  L  H  E  K  K  İ  A  N
M  T  O  K  S  İ  N  I  K  N  Y  T  S  L
P  R  O  T  E  İ  N  E  Y  R  G  A  Y  I
Y  E  N  I  L  E  B  I  L  I  R  M  O  K
H  P  Y  G  I  C  N  Z  R  M  P  İ  N  L
S  O  S  A  Ğ  L  I  K  O  B  Y  N  M  A
S  L  E  Z  Z  E  T  R  S  F  A  İ  Q  R
```

ACI
IŞTAH
KALORİ
YENILEBILIR
DIYET
SİNDİRİM
DENGELI
FERMANTASYON
ALIŞKANLIKLAR
SIVILAR

SOS
BESİN
AĞIRLIK
PROTEİN
KALITE
LEZZET
SAĞLIKLI
SAĞLIK
TOKSİN
VİTAMİNİ

35 - Disciplinas Científicas

```
N G N G K K D Z D H J A U T
B Ö Q F O İ Z O A N E N C E
B Z R S A M I O S G O A C R
B O H O J Y N L T B L T G M
E İ T M L A Y O R V O O İ O
K G Y A C O N J O F J M M D
O Q K O N L J İ N İ İ İ M İ
L Q K J L İ S İ O Z M E Ü N
O K B İ Y O K İ M Y A E N A
J N N P R B J P İ O V S O M
İ D İ L B İ L İ M L M R L İ
U K M İ N E R A L O J İ O K
M E T E O R O L O J İ E J D
L S O S Y O L O J İ D O İ Y
```

ANATOMİ
ASTRONOMİ
BİYOLOJİ
BİYOKİMYA
BOTANİK
EKOLOJİ
FİZYOLOJİ
JEOLOJİ
İMMÜNOLOJİ

DİLBİLİM
METEOROLOJİ
MİNERALOJİ
NÖROLOJİ
KIMYA
SOSYOLOJİ
TERMODİNAMİK
ZOOLOJİ

36 - Meditação

S	P	Z	M	G	Ö	Z	L	E	M	H	T	A	N
E	E	D	İ	E	K	A	B	U	L	A	T	L	E
S	R	E	Ü	H	R	Z	T	N	E	R	A	I	Z
S	S	Z	Q	Ş	İ	H	V	R	Q	E	D	Ş	A
I	P	U	N	T	Ü	N	A	T	L	K	A	K	K
Z	E	E	R	A	M	N	S	M	K	E	B	A	E
L	K	C	R	Q	Y	D	C	E	E	T	A	N	T
I	T	C	U	J	B	O	B	E	L	T	R	L	K
K	I	Z	Q	S	A	Ğ	Z	U	L	B	I	I	Y
D	F	Q	C	U	N	A	K	I	L	E	Ş	K	M
U	Y	A	N	I	K	A	D	B	J	I	R	L	Ü
R	A	Ç	I	K	L	I	K	E	Q	T	U	A	Z
U	K	D	U	Y	G	U	L	A	R	Q	C	R	I
Ş	Ö	Ğ	R	E	N	M	E	K	Y	A	E	H	K

KABUL
UYANIK
ÖĞRENMEK
NEZAKET
AÇIKLIK
MERHAMET
DUYGULAR
ALIŞKANLIKLAR
ZİHİNSEL
AKIL

HAREKET
MÜZIK
DOĞA
GÖZLEM
BARIŞ
DÜŞÜNCELER
PERSPEKTIF
DURUŞ
SESSIZLIK

37 - Artes Visuais

```
Y T T F L B P O R T R E S M
A N E I U V A Q P Z F A A G
R S G L C F R Ş A B L O N U
A M S M O M H E Y K E L A P
T I İ F O T O Ğ R A F E T N
I F L M R E S K I L P R Ç Ş
C N M T A J C F M E M I I Ö
I M R P E R E I E M Y N T V
L T M P B B İ F T A N Z M A
I P E R S P E K T I F O P L
K C Z U I T D Ş R I O R V E
B O Y A M A J B İ V N J S A
B A L M U M U O N R Z A H P
K O M P O Z I S Y O N V I D
```

KIL	ŞABLON
MİMARİ	FILM
SANATÇI	FOTOĞRAF
KALEM	TEBEŞİR
ŞÖVALE	BAŞYAPIT
BALMUMU	PERSPEKTIF
KOMPOZISYON	BOYAMA
YARATICILIK	PORTRE
HEYKEL	

38 - Instrumentos Musicais

```
K B C O A T R O M B O N D C
Y E M A R İ M B A A R P A Q
M N M H V I U E N N Z L V P
L H A A S U S G D Ç D N U M
H Z R B N I N İ O O Q F L M
C Ç S D M T S T L N N M U A
A E H V O I E A İ K G H K R
K L Q G N B T R N I B I T Z
L L Z T H A U I Z J T T C M
A O O U V G S A K S A F O N
R J N U U E F A G O T D R L
N B M E R T F L Ü T L Z T S
E T R O M P E T I Z S S E P
T J U L A M P İ Y A N O F B
```

MANDOLİN	TEF
BANÇO	VURMA
BAGET	PİYANO
KLARNET	SAKSAFON
FAGOT	DAVUL
FLÜT	TROMBON
GONG	TROMPET
ARP	GİTAR
MARİMBA	KEMAN
OBUA	ÇELLO

39 - Escola #1

```
Y K A L E M H S A Y I L A R
N Â L A V E E A K V Z M V K
Y Ğ F A F Q E N V A S A P İ
Q I D L S I Z D Z R I T I T
Q T U F Q Ö S A K K N E G A
M C D A E Y R L A A A M K P
Ö Z D B J F F Y L D V A Ü L
G Ğ T E P E M E E A T T T A
Ö Ğ R E N M E K M Ş K İ Ü R
M U Z E M I R M L L P K P A
L G F K T N E F E A V J H T
C E V A P M O V R R L Q A L
P S L T N Y E O I L G N N Y
D U O S Y J P N M A S A E S
```

ALFABE	KİTAPLAR
ARKADAŞLAR	MATEMATİK
ÖĞRENMEK	MASA
KÜTÜPHANE	SAYILAR
SANDALYE	KÂĞIT
KALEMLER	KLASÖR
SINAV	ÖĞRETMEN
KALEM	CEVAP

40 - Adjetivos #2

```
D Ü D S K Y I F I B G P V V
G N O T A N T I K T U P A G
M L Ğ Ü M Ğ R S K U R U H A
Y Ü A D R H L N S Z U U Ş Ç
A E L I L E S I I L R D İ I
R F N S V N T C K U L J D K
A A O I R U V K F L U T G L
T J R C S A F M E L I R Ü A
I Z M A Y H G B D N A I Ç Y
C A A K S Y E T E N E K L I
I R L E N T E R E S A N Ü C
D I U Y E D J I Q A Y C R I
Z F S J C Z S O R U M L U Z
B M D N C M Z P Y H N A A C
```

OTANTIK	YENI
YARATICI	GURURLU
AÇIKLAYICI	ÜRETKEN
YETENEKLI	SAF
ZARIF	SICAK
ÜNLÜ	SORUMLU
GÜÇLÜ	TUZLU
ENTERESAN	SAĞLIKLI
DOĞAL	KURU
NORMAL	VAHŞİ

41 - Roupas

```
A  P  L  G  P  A  N  T  O  L  O  N  N  M
K  Y  İ  Ş  A  P  K  A  Ç  K  N  E  Ö  O
E  O  A  J  Y  G  N  E  O  O  R  L  N  D
M  O  T  K  A  C  L  T  R  L  C  D  L  A
E  E  Z  C  K  M  M  E  A  Y  E  I  Ü  F
R  L  H  B  T  A  A  K  P  E  K  V  K  B
Q  B  B  Y  T  H  B  L  U  Z  E  E  A  I
N  I  N  F  C  H  I  I  T  U  T  N  Z  H
J  S  A  N  D  A  L  E  T  C  L  L  A  R
V  E  B  B  B  U  E  Ş  G  M  T  E  K  L
K  H  U  F  A  S  Z  A  K  Z  D  R  V  F
U  Z  G  N  O  I  I  R  G  Ö  M  L  E  K
G  U  C  T  F  N  K  P  Y  Y  N  D  Q  N
Z  R  Z  O  T  S  H  V  Q  H  C  O  G  N
```

ÖNLÜK	ELDIVENLER
BLUZ	ÇORAP
PANTOLON	MODA
GÖMLEK	PİJAMA
ŞAPKA	BILEZIK
KEMER	ETEK
KOLYE	SANDALET
CEKET	AYAKKABI
KOT	KAZAK
EŞARP	ELBISE

42 - Herbalismo

```
F E S L E Ğ E N L B Ç O A O
A M L Y E Ş I L K A I J L G
Y E A G G Z D R R H Ç T A K
D R V Y Z D Z Y A Ç E A K N
A C A K D S G E Y E K R E I
L A N İ V A P Y T D H H K S
I N T Ş O R N U H R N U İ I
N K A N T I C O Q E Y N K N
K Ö T İ F M K K Z Z O E C R
E Ş P Ş E S B İ B E R İ Y E
L K Q P S A F R A N E E L C
S D E V P K E V T E F Q J Y
A R O M A T İ K K A L I T E
G E G J Y I Ç E R I K K P T
```

SAFRAN	BAHÇE
BİBERİYE	LAVANTA
SARIMSAK	FESLEĞEN
AROMATİK	MERCANKÖŞK
FAYDALI	BITKI
KİŞNİŞ	KALITE
TARHUN	LEZZET
ÇİÇEK	MAYDANOZ
REZENE	KEKİK
IÇERIK	YEŞIL

43 - Férias #1

```
P O T M G K Z R E B A F R F
A F U S Ü S Ş E M S İ Y E S
R D R V Z U E K U Q O L C I
A V I G E Ç P J N N K A E R
B B S A R A H A T L A M A T
İ A T R G K S C P B L Ü V Ç
R V Y A A Ü I E L H K Z F A
İ U P B H I M T F Z I E N N
M L M A D V R R G E Ş T P T
İ M U T Z A Y A Ü N R L Y A
F J J H A A T M P K O A H S
A R R C K T M V B O H G K I
S E C K V U T A A E Q N A S
G Ö L U V N E Y R G H Z S M
```

GÜMRÜK
UÇAK
BİLET
TRAMVAY
ARABA
SEFER
ŞEMSİYE
GÜZERGAH

GÖL
BAVUL
SIRT ÇANTASI
PARA BİRİMİ
MÜZE
KALKIŞ
RAHATLAMA
TURIST

44 - Frutas

```
N  Q  Y  Y  T  P  D  S  E  B  L  F  A  K
Ü  Z  Ü  M  D  E  D  M  F  Z  N  G  R  A
I  G  E  Y  U  A  H  U  D  U  D  U  M  Y
M  I  Q  S  T  Z  N  N  P  I  S  A  U  I
T  A  H  M  C  J  E  L  M  A  A  V  T  S
U  B  N  K  T  M  K  C  K  N  V  A  V  I
R  Ö  Y  G  T  C  B  Z  N  O  J  İ  A
U  Ğ  M  O  O  I  A  R  U  S  K  K  N  C
N  Ü  V  P  K  I  R  A  Z  S  A  İ  C  S
C  R  J  O  A  N  A  N  A  S  D  V  İ  A
U  T  G  A  L  P  S  H  Z  V  O  İ  R  R
Q  L  K  F  Q  N  A  Ş  E  F  T  A  L  I
B  E  L  İ  M  O  N  Y  K  D  A  T  J  D
P  N  R  U  T  Z  K  I  A  P  J  Z  R  V
```

AVOKADO	KİVİ
ANANAS	TURUNCU
BÖĞÜRTLEN	LİMON
DUT	ELMA
MUZ	PAPAYA
KIRAZ	MANGO
KAYISI	NEKTAR
İNCİR	ARMUT
AHUDUDU	ŞEFTALI
GUAVA	ÜZÜM

45 - Corpo Humano

```
Z  C  D  K  L  Ç  V  C  M  A  L  I  N  B
U  M  I  U  B  E  Y  I  N  L  N  Q  K  U
V  P  Z  L  B  N  L  E  D  A  F  R  C  R
V  M  Q  A  T  E  T  M  B  A  Ş  Y  S  U
Q  Q  T  K  A  N  Z  D  I  R  S  E  K  N
D  O  J  K  A  L  P  U  E  Z  M  N  L  V
U  E  A  Ğ  I  Z  I  D  V  V  O  M  H  B
I  D  L  I  R  E  C  A  U  P  E  U  A  S
P  G  L  N  G  M  I  K  O  I  P  Y  Y  B
S  A  M  T  D  T  F  G  Ö  Z  N  Q  I  F
R  L  R  D  N  S  Z  P  J  U  B  N  V  P
M  E  O  M  U  Z  P  J  K  I  T  P  Y  E
A  K  Q  O  A  Y  A  K  B  I  L  E  Ğ  I
V  B  A  C  A  K  B  O  Y  U  N  V  S  M
```

AĞIZ
BAŞ
BEYIN
KALP
DIRSEK
PARMAK
DIZ
DUDAK
EL
BURUN

GÖZ
OMUZ
KULAK
CILT
BACAK
BOYUN
ÇENE
KAN
ALIN
AYAK BILEĞI

46 - Restaurante #1

```
H  G  U  D  R  P  Y  T  V  Y  P  Z  P  B
H  Y  P  J  H  U  V  A  L  E  R  J  İ  A
M  J  E  J  M  V  S  B  E  M  T  F  T  Y
V  U  T  A  V  U  K  A  Y  E  A  I  A  A
K  D  T  L  N  K  N  K  J  K  S  C  T  N
F  U  Y  F  C  P  B  D  M  E  N  Ü  L  G
J  G  Q  B  A  H  A  R  A  T  L  I  I  A
C  C  U  J  G  K  B  Q  Y  L  H  Y  S  R
B  S  O  S  I  T  K  Q  D  E  S  C  P  S
M  I  F  A  Q  Z  A  P  E  Ç  E  T  E  O
N  I  Ç  N  U  U  H  I  N  P  Z  S  B  N
J  T  I  A  G  N  V  H  Q  E  L  L  T  M
C  H  S  E  K  M  E  K  E  V  I  H  Q  C
R  E  Z  E  R  V  A  S  Y  O  N  H  T  L
```

ALERJİ   MENÜ
KAHVE   SOS
ET   EKMEK
YEMEK   BAHARATLI
MUTFAK   TABAK
BIÇAK   REZERVASYON
TAVUK   TATLI
BAYAN GARSON   TAS
PEÇETE

47 - Caminhada

```
K H C I Y G D U S M H O S T
D A Ğ K D C Ü D I M A T T S
Y U Y L S A T N A U Z E A I
E O U I G P O L E L I H Ş P
P V R M Q N P K I Ş R L L M
K A L G B I L V M I L İ A K
S H E Y U C A A K E I K R O
G Ş F K K N N H H E K E V F
F İ K H E K T P A R K L A R
F B Y N Q Q I Y V R E E H H
S H A Y V A N L A R İ R Z F
U Ç U R U M A Ğ I R T T D Z
L B L L R T O K D O Ğ A A O
A B O R Y A N T A S Y O N K
```

HAYVANLAR	PARKLAR
SU	TAŞLAR
YORGUN	UÇURUM
IKLIM	TEHLİKELER
TOPLANTI	AĞIR
HARİTA	HAZIRLIK
DAĞ	VAHŞİ
DOĞA	GÜNEŞ
ORYANTASYON	HAVA

48 - Água

```
G  S  U  L  A  M  A  L  D  L  Z  I  T  H
D  E  B  D  U  Ş  J  K  Y  A  Ğ  M  U  R
V  L  U  U  O  K  Y  A  N  U  S  M  G  E
N  E  H  I  R  N  T  N  Q  G  K  E  G  A
D  G  A  H  L  N  R  A  O  I  Y  S  S  N
A  N  R  C  U  P  V  L  D  C  Y  O  Z  N
L  H  L  G  Ö  L  M  U  S  O  N  N  E  M
G  Y  A  K  A  R  B  K  L  V  D  Y  M  G
A  P  Ş  Z  A  Z  B  U  F  Q  R  E  B  N
L  V  M  E  B  S  F  P  H  C  T  D  U  F
A  Z  A  S  Y  G  I  M  V  A  N  A  Z  E
R  R  J  D  T  A  V  R  L  V  R  I  G  V
L  E  T  I  Z  D  O  G  G  A  Y  Z  E  R
G  K  P  R  O  U  L  Z  I  A  R  I  H  V
```

KANAL	SULAMA
YAĞMUR	GÖL
DUŞ	MUSON
BUHARLAŞMA	KAR
KASIRGA	OKYANUS
DON	DALGALAR
BUZ	NEHIR
GAYZER	NEM
SEL	BUHAR

49 - Ecologia

```
B İ T K İ Ö R T Ü S Ü D K M
J Q H B A T A K L I K A U C
J A G E L Y Z T R K J Ğ R N
D Ç C K K C N F Z L R L A P
O E Q A B N R A E İ K A K O
Ğ Ş N B D E V U K M J R L A
A I K İ B S M N Y L O N I G
L T A T Z Q T A F S A P K Ö
R L C K O T T I B G E R F N
P I O İ T O P L U L U K L Ü
L L I L D H P L H Y J T O L
S I R E K D C T R S Y Z R L
H K Ü R E S E L D O Ğ A A Ü
T V F P A R K D S T Z P H C
```

IKLIM
TOPLULUK
ÇEŞITLILIK
FAUNA
FLORA
KÜRESEL
DENİZ
DAĞLAR
DOĞAL

DOĞA
BATAKLIK
BİTKİLER
KAYNAKLAR
KURAKLIK
BEKA
BİTKİ ÖRTÜSÜ
GÖNÜLLÜ

50 - Família

```
K  I  Z  E  V  L  A  T  T  M  R  R  A  M
E  B  U  A  K  B  N  Y  E  F  V  A  J  L
J  R  U  P  N  P  N  İ  Y  U  I  C  P  L
B  H  K  O  C  A  E  K  Z  N  D  T  L  V
Ü  Ç  Y  E  F  H  A  İ  E  B  I  R  E  E
Y  O  E  S  K  K  I  Z  K  A  R  D  E  Ş
Ü  C  Q  Q  D  K  Y  L  A  B  J  A  V  Ç
K  U  Z  E  N  A  A  E  B  A  G  S  B  O
B  K  N  B  F  D  T  R  Y  E  Ğ  E  N  C
A  L  I  C  C  I  F  O  D  P  D  J  Ç  U
B  A  K  E  L  N  S  P  R  E  G  G  O  K
A  R  B  D  T  E  M  J  U  U  Ş  A  C  L
A  M  C  A  I  Ş  M  J  L  F  N  T  U  U
N  S  B  Ü  Y  Ü  K  A  N  N  E  A  K  K
```

ATA	ERKEK KARDEŞ
BÜYÜKANNE	KOCA
BÜYÜK BABA	ANNE
ÇOCUK	TORUN
ÇOCUKLAR	BABA
KADIN EŞ	KUZEN
KIZ EVLAT	YEĞEN
İKİZLER	TEYZE
ÇOCUKLUK	AMCA
KIZ KARDEŞ	

51 - Férias #2

```
R  E  S  T  O  R  A  N  F  O  O  J  J  D
Ç  K  S  P  A  S  A  P  O  R  T  T  H  A
H  A  T  A  K  S  İ  V  T  H  Q  L  E  Ğ
A  D  D  O  P  V  Q  İ  O  V  H  L  D  L
V  A  I  I  I  S  S  Z  Ğ  U  K  S  E  A
A  S  O  I  R  K  J  E  R  P  E  B  F  R
L  E  D  E  N  I  Z  H  A  R  İ  T  A  K
İ  Y  D  G  Y  S  G  Y  F  R  U  E  G  M
M  A  A  H  D  J  K  P  L  A  J  V  Z  L
A  H  I  B  O  Ş  F  S  A  V  B  P  K  Y
N  A  P  S  A  Q  N  L  R  F  J  B  C  P
I  T  U  C  F  N  V  E  J  E  L  L  Y  F
T  A  Ş  I  M  A  C  I  L  I  K  H  D  G
T  C  B  H  H  S  Y  I  A  Y  I  K  A  U
```

HAVALİMANI   DAĞLAR
HEDEF   PASAPORT
YABANCI   PLAJ
FOTOĞRAFLAR   RESTORAN
OTEL   TAKSİ
ADA   ÇADIR
BOŞ   TAŞIMACILIK
HARİTA   SEYAHAT
DENIZ   VİZE

52 - Edifícios

```
Y  B  K  U  L  E  L  Ç  İ  L  İ  K  S  L
C  P  A  D  C  I  B  S  O  K  U  L  T  A
A  M  L  R  U  A  H  Ü  Z  L  K  A  A  B
O  T  E  L  L  I  P  I  H  R  P  D  O
C  İ  G  A  R  A  J  E  Y  P  M  A  Y  R
R  Y  R  B  M  J  P  R  E  A  Ç  R  U  A
F  A  B  R  I  K  A  M  H  H  A  T  M  T
Y  T  S  I  B  F  E  A  A  I  D  M  D  U
D  R  E  A  V  L  Q  R  S  R  I  A  Y  V
M  O  D  U  T  U  G  K  T  İ  R  N  L  A
M  Y  P  Z  Y  H  I  E  A  E  N  Q  J  R
Ü  M  B  M  Q  C  A  T  N  Y  T  E  L  U
Z  V  P  U  G  Q  Q  N  E  R  N  P  M  R
E  Ç  I  F  T  L  I  K  E  L  T  C  B  A
```

APARTMAN	HASTANE
KALE	OTEL
AHIR	LABORATUVAR
SİNEMA	MÜZE
ELÇİLİK	RASATHANE
OKUL	SÜPERMARKET
STADYUM	TİYATRO
ÇIFTLIK	ÇADIR
FABRIKA	KULE
GARAJ	

53 - Praia

```
K  T  M  J  Y  E  L  K  E  N  L  İ  M  L
Ş  E  M  S  İ  Y  E  A  E  N  A  F  R  J
R  T  B  B  S  O  Z  D  G  B  S  O  R  D
S  A  H  I  L  İ  J  A  Ü  Ü  R  B  Z  H
I  M  E  A  O  C  Y  D  N  Z  N  G  K  F
S  A  N  D  A  L  E  T  E  B  H  S  M  A
S  V  E  A  O  I  N  G  Ş  O  A  L  H  F
V  I  I  U  F  K  G  N  H  T  V  H  Y  P
R  E  S  İ  F  D  E  N  İ  Z  L  T  O  B
P  E  M  G  C  S  Ç  A  U  N  U  B  K  M
V  I  A  Y  I  S  L  T  V  G  N  I  S  F
S  F  V  I  C  U  H  O  H  V  K  Q  V  Z
B  N  K  R  B  B  O  K  Y  A  N  U  S  L
O  F  U  R  U  J  O  D  N  S  C  O  M  D
```

KUM	LAGÜN
MAVI	DENIZ
BOT	OKYANUS
YENGEÇ	RESİF
SAHIL	SANDALET
DOK	GÜNEŞ
ŞEMSİYE	HAVLU
ADA	YELKENLİ

54 - Ferramentas de Cozinha

```
L  Z  B  K  Y  N  G  K  A  P  A  K  N  R
O  H  F  I  R  I  N  E  N  K  Y  K  L  E
S  O  B  A  Ç  Z  A  V  Q  F  H  A  K  N
S  Z  J  B  A  A  H  G  N  Q  T  Ş  D  D
B  P  C  S  T  R  K  İ  Q  P  M  I  Z  E
U  F  A  J  A  D  Z  R  H  M  C  K  D  M
Z  G  P  T  L  Q  I  S  U  R  A  P  R  R
D  U  Q  O  U  K  A  Z  A  N  E  K  G  T
O  O  S  S  L  R  U  P  Y  L  C  A  T
L  I  A  T  K  N  A  Q  A  Y  S  U  O  S
A  N  L  R  H  F  R  K  Q  B  B  M  U  G
B  L  E  N  D  E  R  Z  G  D  S  S  F  J
I  T  E  R  M  O  M  E  T  R  E  I  F  E
L  H  O  Y  Z  N  S  R  I  D  M  O  E  J
```

KAZAN

KEVGİR

KAŞIK

SPATULA

BIÇAK

SOBA

FIRIN

ÇATAL

BUZDOLABI

BLENDER

RENDE

KAPAK

TERMOMETRE

MAKAS

TOST

55 - Xadrez

```
S  S  I  Y  T  B  H  I  T  L  F  D  A  S
T  I  Ş  P  U  Z  A  L  P  V  N  A  U  A
R  Ç  A  P  R  A  Z  U  R  A  K  I  P  C
A  Q  M  E  N  B  B  K  K  B  R  K  A  C
T  F  P  P  U  Ö  O  Y  U  N  A  A  S  Z
E  M  İ  K  V  Ğ  U  Y  I  T  L  M  I  O
J  N  Y  U  A  R  A  D  U  S  C  T  F  R
İ  K  O  R  A  E  B  O  H  N  P  J  C  L
U  R  N  B  B  N  O  C  C  N  C  B  G  U
T  A  C  A  N  M  L  P  Z  N  I  U  Q  K
Ü  L  P  N  B  E  Y  A  Z  A  M  A  N  L
Z  I  B  D  Y  K  F  P  A  V  N  M  K  A
Ü  Ç  Y  A  R  I  Ş  M  A  D  Q  R  S  R
K  E  Y  T  Q  V  U  S  I  Y  A  H  S  L
```

ÖĞRENMEK	RAKIP
BEYAZ	PASIF
ŞAMPİYON	SIYAH
YARIŞMA	KRALIÇE
ZORLUKLAR	TÜZÜK
ÇAPRAZ	KRAL
STRATEJİ	KURBAN
OYUNCU	ZAMAN
OYUN	TURNUVA

56 - Aventura

```
S O P F H A Z I R L I K T Z
O G L D J E J H J P T E E O
O Ü Y A L O V C A R J Z H R
S Z I Y Ğ P E E E I V C L L
F E A E I A M T S Z A R I U
G R V D F I N Z O R L U K K
E G N İ Z M İ D F S J P E L
Z A M D N F Y O I K L N L A
I H Y D S Ç E Ğ R Ş Q Y I R
C E S A R E T A S A I E C Q
B D S E F E R N A N G N F E
J E G K D T F P T S T I V J
R F Q T A R K A D A Ş L A R
G Ü Z E L L I K I M S Q Q K
```

SEVİNÇ	OLAĞAN DIŞI
ARKADAŞLAR	GÜZERGAH
GÜZELLIK	DOĞA
CESARET	SEFER
ŞANS	YENI
ZORLUKLAR	FIRSAT
HEDEF	TEHLIKELI
ZORLUK	HAZIRLIK
HEVES	EMNİYET
GEZI	

57 - Surf

```
L  T  F  R  M  J  B  G  B  L  U  Ş  Y  A
I  F  L  J  T  Y  F  A  U  Q  S  A  S  C
D  G  O  D  Z  R  D  I  E  L  B  M  C  A
D  C  T  I  T  J  U  B  K  B  N  P  H  M
A  P  L  A  J  B  I  R  K  E  F  İ  V  N
L  C  A  P  K  U  V  V  E  T  N  Y  R  U
G  M  E  K  O  O  P  C  R  S  R  O  S  G
A  V  T  M  H  P  B  H  N  I  İ  N  A  O
T  C  H  I  I  Q  Ü  N  G  P  P  F  F  L
L  N  R  D  Z  S  V  L  C  A  Ş  I  R  I
E  I  S  E  H  R  S  K  E  Y  N  F  O  V
T  O  K  Y  A  N  U  S  T  R  Z  T  L  K
Y  H  E  V  V  C  P  H  N  M  Y  C  S  L
Y  Q  Q  T  A  R  Z  K  Ö  P  Ü  K  Q  C
```

ATLET	DALGA
ŞAMPİYON	POPÜLER
KÖPÜK	PLAJ
TARZ	ACEMI
MIDE	HIZ
AŞIRI	RESİF
KUVVET	HAVA
OKYANUS	

58 - Floresta Tropical

```
M  U  C  R  E  K  E  D  K  T  V  S  B  R
A  E  J  D  Z  H  O  M  A  I  V  A  Ö  E
P  G  M  D  E  Ğ  E  R  L  I  U  Y  C  S
J  L  Q  E  O  C  N  C  U  F  E  G  E  T
V  A  C  Z  L  Ğ  L  S  U  M  Y  I  K  O
Y  O  S  U  N  İ  A  J  Y  R  A  P  L  R
Q  G  P  E  B  U  L  U  T  L  A  R  E  A
B  O  T  A  N  İ  K  E  L  S  R  S  R  S
E  N  P  N  Q  Z  Y  H  R  K  P  N  N  Y
K  O  R  M  A  N  C  C  M  U  G  Q  Q  O
A  I  K  L  I  M  E  O  R  Ş  S  B  U  N
O  Z  G  I  Ç  E  Ş  I  T  L  I  L  I  K
H  K  M  F  S  I  Ğ  I  N  A  K  Y  K  R
T  O  P  L  U  L  U  K  N  R  H  G  I  C
```

BOTANİK
IKLIM
TOPLULUK
ÇEŞITLILIK
BÖCEKLER
MEMELİLER
YOSUN
DOĞA
BULUTLAR

KUŞLAR
KORUMA
SIĞINAK
SAYGI
RESTORASYON
ORMAN
BEKA
DEĞERLI

59 - Cidade

```
S  S  O  I  K  L  İ  N  İ  K  Z  H  E  B
Ü  A  T  S  İ  N  E  M  A  G  V  A  C  M
P  L  E  A  Y  G  Y  N  R  O  H  V  Z  Z
E  O  L  D  D  P  T  B  L  J  L  A  A  K
R  N  A  H  Y  Y  Y  O  K  U  L  L  N  L
M  Ü  Z  E  O  H  U  S  K  T  A  İ  E  D
A  U  S  M  S  M  A  M  S  Z  K  M  R  K
R  E  S  T  O  R  A  N  Y  K  D  A  C  V
K  Ü  T  Ü  P  H  A  N  E  İ  P  N  T  Z
E  L  B  A  N  K  A  S  B  T  B  I  Z  F
T  İ  Y  A  T  R  O  F  B  A  F  H  O  I
E  Q  G  A  L  E  R  İ  S  P  A  Z  A  R
Y  O  E  E  V  A  H  Y  L  Ç  B  I  Q  I
Ç  İ  Ç  E  K  Ç  İ  I  U  I  Q  C  U  N
```

HAVALİMANI	OTEL
BANKA	KİTAPÇI
KÜTÜPHANE	PAZAR
SİNEMA	MÜZE
KLİNİK	FIRIN
OKUL	RESTORAN
STADYUM	SALON
ECZANE	SÜPERMARKET
ÇİÇEKÇİ	TİYATRO
GALERİ	

60 - Matemática

```
G M S T Z Ü N I E P K Ç G K
M K V B G S Ç E V R E A E Ç
Y A R I Ç A P G M V S P O O
D R R B U S O H E O I L M K
F E F Z F O K F F N R H E G
M U N E B C V D Z D B S T E
N I S K O Ş U T H A U İ R N
I T O P L A M N T L S M İ S
A R İ T M E T İ K I Y E I A
A Ç I L A R M B F K H T P Y
P A R A L E L K E N A R E I
D I K D Ö R T G E N C İ C L
D Y A I J T N M L G I G H A
O R P A Z F M T V T M T M R
```

ARİTMETİK
AÇILAR
ONDALIK
ÇAP
DENKLEM
ÜS
KESIR
GEOMETRİ
SAYILAR
KOŞUT

PARALELKENAR
ÇEVRE
ÇOKGEN
KARE
YARIÇAP
DIKDÖRTGEN
SİMETRİ
TOPLAM
ÜÇGEN
HACIM

61 - Natureza

```
M V K B A G H K K E I Y T D
G A Y T U H U Z U R L U K İ
Y H E R O Z Y O N E H I R N
E Ş D O R J U H A Y A T İ A
Ş İ H P M B A L B B D R P M
İ P E İ A A S İ S Y S V K İ
L Ç F K N R A R L A R T D K
L O Ö A C I K N N E T K Q J
İ L V L F N İ T D A Ğ L A R
K O E P K A N M I I P N O O
O Z F C H K R U J K T C E I
H A Y V A N L A R M B I T H
O G Ü Z E L L I K J I O K P
B U L U T L A R N I A K Y G
```

ARLAR	DAĞLAR
HAYVANLAR	SİS
ARKTIK	BULUTLAR
GÜZELLİK	HUZURLU
ÇÖL	NEHIR
DİNAMİK	BARINAK
EROZYON	VAHŞİ
ORMAN	SAKİN
YEŞİLLİK	TROPİKAL
BUZUL	HAYATİ

62 - Preencher

```
S  K  A  C  Ç  T  E  P  S  I  K  K  K  N
H  Z  L  P  E  Ü  S  N  K  V  L  D  N  Z
B  K  L  S  K  P  C  G  P  B  A  Q  A  I
Ş  I  Ş  E  M  N  P  H  A  V  S  O  E  B
C  K  Y  A  E  U  G  A  K  L  Ö  C  S  F
U  A  L  N  C  E  Z  V  E  Q  R  G  Z  Q
M  E  Z  I  E  V  N  Z  T  K  K  K  F  P
B  Y  A  I  V  Z  P  A  B  A  V  U  L  T
S  M  R  R  V  O  I  U  Q  V  J  M  B  L
K  E  F  I  Ç  I  B  N  I  A  V  A  Z  O
O  U  P  P  P  F  M  S  B  N  N  V  B  I
V  F  T  E  Ç  A  N  T  A  O  O  L  C  L
A  T  G  U  T  O  V  T  O  Z  B  H  E  S
D  M  O  J  G  I  L  R  U  P  K  F  J  D
```

HAVZA	ÇEKMECE
KOVA	KAVANOZ
TEPSI	BAVUL
FIÇI	PAKET
CEP	KLASÖR
KUTU	ÇANTA
SEPET	TÜP
ZARF	VAZO
ŞIŞE	

63 - Animais de Estimação

```
G R H T K E R T E N K E L E
I O O A P U İ M I J Ö C N R
H T A V Ş A N U P G P O Z Y
E T U I O H E Z J L E N O B
I U K E Ç I K P T U K P V V
T N F A R E H G J S Q J T P
P P K Ö P E K Y A V R U S U
K E D İ A L E K K B A G K U
A N Y N P H U K U Y R U K B
H Ç E P A H A M S T E R M A
F E H Y Ğ N I B B O L U M L
H L S F A O Y H G A Z M V I
L E L B N K V P M I Ğ M F K
H R R H B O A H D M L A D U
```

SU
KEÇI
KÖPEK YAVRUSU
KUYRUK
KÖPEK
TAVŞAN
YAKA
PENÇELER

KEDİ
HAMSTER
KERTENKELE
FARE
PAPAĞAN
BALIK
KAPLUMBAĞA
İNEK

64 - Aviões

```
T A R I H I M B M M F P H T
M Ş P C A Z A L G Ü O P B F
C E İ N S U C O Y R K T Z H
C S L Ş T E E Y A E H S O I
M S O C İ V R Ü P T H R Z R
H Z T B B R A K I T H A V A
Q İ J U O E M S G E P K D U
Y Z D Q O T Y E Ö B E I F K
Q D S R Y T Ö K K A R M L S
A A A Y O U N L Y T V P M D
L N T A L J J I Ü B A L O N
S G F K C H E K Z U N R E B
M U C I U S C N Ü H E L N P
C O A T M O S F E R I N I Ş
```

RAKIM	YÖN
YÜKSEKLIK	PERVANE
HAVA	HİDROJEN
ATMOSFER	TARIH
MACERA	ŞİŞİRMEK
BALON	MOTOR
GÖKYÜZÜ	YOLCU
YAKIT	PİLOT
YAPI	MÜRETTEBAT
INIŞ	

65 - Tipos de Cabelo

```
K  V  C  U  R  I  L  S  Y  L  Q  G  J  R
I  F  A  D  C  M  Z  T  I  B  R  E  A  H
S  O  S  A  R  I  Ş  I  N  Y  H  Z  Ö  E
A  K  K  L  J  P  P  P  C  V  A  G  R  İ
A  A  I  G  Q  N  Z  A  E  O  A  H  G  C
Q  L  V  A  G  A  D  T  R  V  E  N  Ü  Z
S  I  I  L  Ö  Ü  J  J  K  L  M  P  L  U
A  N  R  I  R  G  M  K  E  L  A  C  Ü  U
Ğ  K  C  V  G  K  A  Ü  U  H  P  K  S  Z
L  M  I  H  Ü  C  B  J  Ş  N  S  V  V  U
I  M  K  A  H  V  E  R  E  N  G  I  T  N
K  T  U  D  Z  T  Y  R  E  N  K  L  İ  Z
L  B  R  E  Z  G  A  Y  U  M  U  Ş  A  K
I  P  U  Z  A  Q  Z  N  T  E  R  U  I  Q
```

BEYAZ	UZUN
PARLAK	KAHVERENGI
KEL	DALGALI
GRİ	GÜMÜŞ
RENKLİ	SIYAH
KISA	SAĞLIKLI
KIVIRCIK	KURU
INCE	YUMUŞAK
KALIN	ÖRGÜLÜ
SARIŞIN	ÖRGÜ

66 - Formas

```
S  Y  V  Ç  O  K  G  E  N  Y  A  H  K  H
B  İ  K  K  V  S  I  R  A  R  S  R  A  İ
D  P  L  P  A  D  Y  V  R  E  N  I  R  P
J  Ü  O  İ  L  A  A  Y  K  K  Ü  P  E  E
P  Ç  K  O  N  İ  C  I  H  Ö  A  U  K  R
U  G  M  P  V  D  Q  M  R  Ş  T  T  D  B
K  E  L  İ  P  S  İ  B  D  E  C  S  Q  O
Ü  N  N  R  R  D  A  R  Q  M  Ğ  O  Q  L
R  T  H  A  İ  J  Q  A  U  Y  F  R  K  P
E  A  B  M  Z  R  Q  U  V  M  D  K  I  E
E  O  Y  İ  M  O  G  Z  B  U  B  C  M  C
L  S  A  T  A  U  J  Q  Y  V  J  B  C  Y
L  P  N  D  I  K  D  Ö  R  T  G  E  N  D
E  Q  Q  C  R  F  N  V  L  C  L  T  A  V
```

ARK   YAN
KÖŞE   SIRA
SİLİNDİR   OVAL
DAIRE   PİRAMİT
KONİ   ÇOKGEN
KÜP   PRİZMA
EĞRI   KARE
ELİPS   DIKDÖRTGEN
KÜRE   ÜÇGEN
HİPERBOL

67 - Dias e Meses

```
C  Ş  G  J  I  T  N  M  O  I  V  J  U  D
U  U  T  Y  A  J  U  I  N  I  B  I  B  L
M  B  P  A  Z  A  R  Z  S  H  A  F  T  A
A  A  E  Y  Y  D  Y  L  R  A  O  P  A  N
T  T  R  T  E  M  M  U  Z  Z  N  A  K  S
V  L  Ş  Y  I  L  Z  M  Y  I  H  Z  V  J
O  O  E  G  M  S  G  P  F  R  D  A  I  Q
C  U  M  A  R  T  E  S  I  A  V  R  M  G
A  R  B  G  Q  H  Y  N  T  N  Y  T  F  U
K  V  E  M  E  K  I  M  E  L  L  E  B  E
A  Ğ  U  S  T  O  S  J  F  Y  E  S  U  S
S  A  R  A  L  I  K  U  O  G  L  I  H  Y
I  T  J  L  A  L  Q  L  P  C  K  Ü  M  R
M  N  E  I  N  V  A  J  M  D  U  C  L  Z
```

NISAN	AY
AĞUSTOS	KASIM
YIL	EKIM
TAKVIM	PERŞEMBE
ARALIK	CUMARTESI
PAZAR	PAZARTESI
ŞUBAT	HAFTA
OCAK	EYLÜL
TEMMUZ	CUMA
HAZIRAN	SALI

68 - Geografia

```
I  B  F  S  D  U  D  B  B  P  V  B  M  C
B  O  Q  H  N  E  I  O  N  I  N  A  D  A
Ö  K  V  A  D  Ü  N  Y  A  E  M  T  D  J
L  L  N  R  S  J  U  L  P  D  H  I  A  R
G  P  C  İ  R  Z  K  A  E  J  L  I  Ğ  A
E  K  Z  T  H  R  N  M  Q  M  K  V  R  K
E  B  L  A  O  K  Y  A  N  U  S  E  R  I
G  Ü  N  E  Y  G  L  K  U  Z  E  Y  N  M
Y  A  R  I  M  K  Ü  R  E  U  C  M  U  T
D  E  N  I  Z  J  M  E  R  İ  D  Y  E  N
A  U  K  R  Q  I  A  M  K  A  R  Z  G  B
K  I  T  A  T  L  A  S  K  Q  D  C  U  U
H  P  C  Y  Z  Ü  L  K  E  Z  D  C  F  F
L  B  H  G  K  P  N  U  Z  T  S  E  J  V
```

RAKIM	MERİDYEN
ATLAS	DAĞ
KENT	DÜNYA
KITA	KUZEY
YARIMKÜRE	OKYANUS
ADA	BATI
ENLEM	ÜLKE
BOYLAM	NEHIR
HARİTA	GÜNEY
DENIZ	BÖLGE

69 - Antártica

```
U  M  B  P  A  L  N  D  D  B  G  B  M  H
S  İ  I  K  A  D  U  P  T  A  V  Ö  H  U
H  N  L  O  T  T  A  D  A  L  A  R  Ç  K
O  E  I  Y  I  I  Y  A  R  I  M  A  D  A
P  R  M  B  K  D  S  Y  A  N  S  F  Ç  Y
B  A  S  G  U  F  E  U  Ş  A  I  R  E  A
U  L  E  H  E  Z  F  O  T  L  C  C  V  L
Z  L  L  I  E  L  E  O  I  A  A  O  R  I
U  E  S  M  P  Z  R  J  R  R  K  Ğ  E  K
L  R  R  C  A  B  V  I  M  Y  L  R  B  Y
L  B  I  O  N  K  I  T  A  G  I  A  V  N
A  P  E  N  G  U  E  N  C  Q  K  F  P  R
R  Z  B  I  F  D  O  L  I  J  P  Y  K  R
Z  F  C  U  M  D  K  O  R  U  M  A  K  J
```

ÇEVRE	COĞRAFYA
SU	ADALAR
KOY	ARAŞTIRMACI
BALINALAR	GÖÇ
BILIMSEL	MİNERALLER
KORUMA	YARIMADA
KITA	PENGUEN
SEFER	KAYALIK
BUZULLAR	SICAKLIK
BUZ	

70 - Flores

```
O  A  İ  E  K  T  K  M  N  Ş  K  L  R  Y
T  T  Y  N  V  F  U  A  E  A  V  A  Q  A
Y  O  N  C  A  İ  H  N  R  K  Z  V  Z  S
Y  Z  F  İ  T  O  J  O  G  A  A  A  Y  E
A  E  U  L  U  G  Ü  L  İ  Y  M  N  K  M
P  A  P  A  T  Y  A  Y  S  I  B  T  O  İ
R  C  F  L  G  A  K  A  O  K  A  A  N  N
A  N  G  E  U  A  Y  J  B  U  K  E  T  L
K  C  H  H  S  M  R  Ç  D  R  U  U  A  E
O  R  K  İ  D  E  E  D  İ  O  Y  O  E  Y
Y  F  M  A  K  R  V  R  E  Ç  H  Z  H  L
H  A  Ş  H  A  Ş  N  A  İ  N  E  O  U  A
E  B  E  G  Ü  M  E  C  İ  A  Y  Ğ  S  K
C  K  A  R  A  H  İ  N  D  İ  B  A  İ  K
```

BUKET	PAPATYA
KARAHİNDİBA	NERGİS
GARDENYA	ORKİDE
AYÇİÇEĞİ	HAŞHAŞ
EBEGÜMECİ	ŞAKAYIK
YASEMİN	YAPRAK
LAVANTA	PLUMERIA
LEYLAK	GÜL
ZAMBAK	YONCA
MANOLYA	LALE

71 - Fazenda #1

```
M  I  H  Z  V  K  D  V  V  E  D  B  U  J
R  P  G  K  M  N  E  O  G  E  P  O  H  I
Z  A  A  V  J  B  O  K  M  V  G  G  I  H
C  P  I  R  I  N  Ç  I  A  U  S  Ü  R  Ü
K  E  D  İ  N  E  K  T  T  R  Z  B  H  N
B  A  K  Z  B  A  L  D  G  B  I  R  C  S
A  A  S  T  S  A  M  A  N  V  D  E  M  T
V  K  B  A  U  K  L  G  M  S  Y  S  N  Z
K  A  K  T  A  R  I  M  B  U  Z  A  Ğ  I
A  L  Ö  T  E  H  U  E  Ş  E  K  T  I  O
R  A  P  C  F  B  D  P  S  C  E  A  P  A
G  N  E  T  B  L  I  P  R  Q  Ç  V  I  R
A  Q  K  Ç  I  T  Q  Q  Q  C  I  U  T  M
D  T  J  P  Z  P  O  L  L  H  R  K  B  I
```

ARI	ÇIT
TARIM	KARGA
PIRINÇ	SAMAN
SU	GÜBRE
BUZAĞI	TAVUK
EŞEK	KEDİ
KEÇI	BAL
ALAN	DOMUZ
AT	SÜRÜ
KÖPEK	İNEK

72 - Livros

```
Y A Z I L I Ş L F I D Y D T
A A J M V B I K Z Q B K P A
N M R Y I N I J M I H O P R
L A O A S E R İ L G İ L İ İ
A C M S T K A R A K T E R H
T E A V A I T R A J İ K U R
I R N O Q Y C A O Q L S G M
C A B K S U F I O B M I C B
I M N U Ö J Y A Z A R Y U A
Y H N Y D Y E D E B Î O Y Ğ
Q R A U I İ K İ L İ K N A L
E C B C Z P S Ü V Z D M V A
G K S U I T S H J G F S Q M
Z L F N D F D E S T A N Q Q
```

YAZAR	OKUYUCU
MACERA	EDEBÎ
KOLEKSIYON	ANLATICI
BAĞLAM	SAYFA
İKİLİK	KARAKTER
YAZILI	ŞIIR
DESTAN	İLGİLİ
ÖYKÜ	ROMAN
TARİH	DIZI
YARATICI	TRAJİK

73 - Chocolate

```
L  L  V  E  H  B  Q  M  N  U  D  J  Q  U
P  E  A  N  T  İ  O  K  S  İ  D  A  N  O
I  Z  L  L  F  M  N  A  I  K  A  K  A  O
T  Z  F  Ş  E  K  E  R  K  A  J  D  R  A
A  E  F  S  G  Z  H  L  A  R  O  M  A  Z
T  T  T  S  Z  B  Z  J  L  A  B  Y  K  A
I  B  R  J  O  O  G  E  İ  M  U  S  A  N
H  B  Y  V  T  O  Z  O  T  E  O  C  L  A
K  S  A  Z  I  S  P  E  E  L  V  J  O  A
N  T  K  Q  K  Y  E  M  E  K  İ  A  R  T
F  A  V  O  R  İ  Ç  E  R  İ  K  A  İ  F
O  T  T  S  T  P  G  M  F  D  R  C  H  T
B  L  F  F  H  O  H  T  H  A  Q  I  B  K
E  İ  K  N  N  L  L  B  G  O  D  T  N  J
```

ŞEKER	LEZZETLI
ACI	TATLI
ANTİOKSİDAN	EGZOTIK
AROMA	FAVORI
ZANAAT	TAT
KAKAO	IÇERIK
KALORİ	TOZ
KARAMEL	KALITE
YEMEK	LEZZET

74 - Profissões #2

```
H A T K M G A Z E T E C I L
F İ L O Z O F E F D L E P B
Ö Ğ R E T M E N V I D R A Y
E C B I P Ç M G R Ş P R D G
C N J J P A I U G Ç İ A J F
A D O K T O R F C I L H E O
B İ Y O L O G E T I O Y Ç T
M Ü H E N D I S S Ç T S I O
A S T R O N O T C S I P Z Ğ
M B A H Ç I V A N L A I E R
P D İ L B İ L İ M C İ M R A
Z O O L O G E J P G S G N F
A R A Ş T I R M A C I U D Ç
N K Ü T Ü P H A N E A V Z I
```

ÇIFTÇI	MUCIT
ASTRONOT	ARAŞTIRMACI
KÜTÜPHANE	BAHÇIVAN
BİYOLOG	GAZETECI
CERRAH	DİLBİLİMCİ
DIŞÇI	DOKTOR
MÜHENDIS	PİLOT
FİLOZOF	RESSAM
FOTOĞRAFÇI	ÖĞRETMEN
ÇIZER	ZOOLOG

75 - Fazenda #2

```
K O V A N Ö Ç S U L A M A Ç
Y O Q D K R O O L K H E J I
M E Y V E D B B L O I A P F
Ç T O U K E A J U G R S Ü T
A R P A N K N C F Ğ U P G Ç
Y A K U Z U L C R H D N D I
I K S L T H A V B G Z A H T
R T M K I G M I S I R Y Y M
R Ö H F G H A Y V A N L A R
N R T J S C S I A D L N U B
L F I K Q H E J O A F Y E N
A Y Z D A L B A B Z T P D C
J D D S S Y Z R O B F Y M P
O F B A H Ç E E Z I F C J C
```

ÇİFTÇİ	OLGUN
HAYVANLAR	MISIR
AHIR	KOYUN
ARPA	ÇOBAN
KOVAN	ÖRDEK
KUZU	BAHÇE
MEYVE	ÇAYIR
SULAMA	TRAKTÖR
SÜT	BUĞDAY
LAMA	SEBZE

76 - Jardim

```
Ç  B  Q  U  T  U  R  M  Z  Q  B  E  S  A
J  A  O  H  O  S  H  A  M  A  K  L  D  S
Q  K  L  J  P  S  B  O  T  L  A  R  B  M
C  M  I  I  R  A  V  E  R  A  N  D  A  A
B  A  N  K  A  Ğ  K  N  T  T  S  H  H  O
K  Ü  R  E  K  A  Q  J  S  P  U  A  Ç  I
R  Y  D  T  J  Ç  A  S  L  Ç  I  M  E  N
L  Ç  I  Ç  E  K  M  L  D  R  N  M  A  Z
Q  Q  E  L  T  K  G  A  R  A  J  Y  C  H
I  F  B  S  I  Q  Y  Ö  L  Y  G  V  O  D
Ç  Z  T  E  R  A  S  R  L  D  N  C  V  Z
I  Q  I  Q  M  Y  N  Q  K  E  S  P  Z  T
T  Y  Q  C  I  S  Y  M  F  T  T  D  G  A
E  L  P  B  K  T  R  A  M  B  O  L  İ  N
```

TIRMIK   GÖLET
ÇALI   HAMAK
AĞAÇ   HORTUM
BANK   KÜREK
ÇIT   TOPRAK
OTLAR   TERAS
ÇİÇEK   TRAMBOLİN
GARAJ   VERANDA
ÇİMEN   ASMA
BAHÇE

77 - Comédia

```
N  I  K  A  T  M  Q  G  T  K  Ş  H  Y  T
E  Q  O  C  V  Y  K  B  K  A  A  T  O  E
U  R  Z  P  A  L  Y  H  F  H  K  I  N  L
B  C  J  I  A  L  K  I  Ş  K  A  D  G  E
F  S  E  Y  I  R  C  I  Y  A  L  O  K  V
O  A  A  T  A  T  O  O  E  H  A  Ğ  M  İ
B  Y  K  N  J  İ  Q  D  A  A  R  A  I  Z
J  C  T  I  L  Y  E  F  İ  K  J  Ç  Z  Y
O  V  Ö  K  T  A  C  O  E  T  P  L  A  O
T  G  R  O  Ü  T  M  E  H  R  V  A  H  N
P  D  C  D  R  R  R  L  K  I  D  M  O  C
U  N  V  S  C  O  F  U  I  S  O  A  J  I
V  P  A  L  Y  A  Ç  O  L  A  R  O  M  O
M  Y  Q  Z  F  J  C  B  S  I  F  U  D  E
```

ALKIŞ	PALYAÇOLAR
AKTÖR	PARODİ
AKTRIS	ŞAKALAR
ANLAMLI	SEYIRCI
TÜR	KAHKAHA
MIZAH	TİYATRO
DOĞAÇLAMA	TELEVİZYON

78 - Oceano

```
K  B  S  İ  M  K  M  U  T  J  F  L  Y  F
R  S  A  U  T  C  A  E  E  R  T  S  İ  İ
Y  K  H  E  Y  B  H  R  R  B  T  K  L  R
E  Q  T  R  O  G  V  P  İ  C  V  K  A  T
N  Z  A  T  S  N  Y  L  J  D  A  J  N  I
K  A  P  L  U  M  B  A  Ğ  A  E  N  B  N
Y  Y  O  Q  N  Z  A  Z  T  C  R  S  A  A
Z  Y  T  D  G  E  L  G  İ  T  E  Ü  L  B
B  O  T  K  O  P  İ  T  G  Y  S  N  I  A
Y  U  N  U  S  A  K  I  K  E  İ  G  Ğ  L
İ  S  T  İ  R  İ  D  Y  E  N  F  E  I  İ
D  A  L  G  A  L  A  R  V  G  I  R  J  N
Q  N  İ  P  T  B  K  Y  S  E  Q  C  Z  A
S  V  G  M  C  U  Q  P  S  Ç  O  G  F  L
```

YOSUN	GELGİT
BALINA	DALGALAR
BOT	İSTİRİDYE
KARİDES	BALIK
YENGEÇ	AHTAPOT
MERCAN	RESİF
YILAN BALIĞI	TUZ
SÜNGER	KAPLUMBAĞA
YUNUS	FIRTINA

79 - Profissões #1

```
A H L T E R Z I C L Y J G L
S A U A D A N S Ç I P S R K
T R J D O E P İ Y A N İ S T
R I S J J E N K U Y U M C U
O T M T U I D İ T Y N A V O
N A Ü M D D H İ Z Z P M E Q
O C Z A V U K A T C Y Z T P
M İ İ J T O M P Q Ö İ H E S
Y E S S A N A T Ç I R E R İ
B Ü Y Ü K E L Ç İ J A M İ K
G J E O L O G Y Z M V Ş N O
C N N I T F A I Y E C I E L
T E S I S A T Ç I L I R R O
B A N K A C I Z N G U E V G
```

AVUKAT
TERZI
SANATÇI
ASTRONOM
BANKACI
ITFAIYECI
AVCI
HARITACI
DANSÇI
EDİTÖR

BÜYÜKELÇİ
TESISATÇI
HEMŞIRE
JEOLOG
KUYUMCU
DENİZCİ
MÜZİSYEN
PİYANİST
PSİKOLOG
VETERİNER

80 - Campeonato

```
D  S  M  G  M  O  T  İ  V  A  S  Y  O  N
A  T  A  K  I  M  Y  J  Z  J  U  İ  T  R
Y  R  D  İ  K  R  L  U  D  C  A  J  O  J
A  A  A  F  O  F  F  İ  N  A  L  İ  S  T
N  T  L  Ş  Ç  V  H  U  L  L  A  T  P  I
İ  E  Y  A  F  İ  D  V  D  U  A  U  O  M
K  J  A  M  K  L  G  B  N  Q  K  R  R  U
L  İ  D  P  E  R  F  O  R  M  A  N  S  L
I  Z  N  İ  T  Z  O  L  U  L  B  U  O  B
L  N  R  Y  L  Y  A  R  G  I  Ç  V  F  E
I  N  Z  O  İ  S  Z  F  Q  I  P  A  T  H
K  M  L  N  G  Y  T  R  E  E  J  H  V  I
M  F  K  G  J  S  J  A  B  R  Z  V  C  O
O  U  V  İ  İ  M  U  J  M  C  H  Z  E  E
```

ŞAMPİYON   LİG
PERFORMANS   MADALYA
TAKIM   MOTİVASYON
SPOR   DAYANIKLILIK
STRATEJİ   TURNUVA
FİNALİST   KOÇ
OYUNLAR   ZAFER
YARGIÇ

81 - Castelos

```
I  T  A  Ç  E  A  M  N  O  I  F  I  M  Ş
I  M  T  D  R  P  Z  F  C  P  E  U  A  Ö
E  O  P  R  E  N  S  L  P  E  O  Q  N  V
M  U  N  A  Y  G  Z  K  D  J  D  Z  C  A
K  U  L  E  R  H  A  N  E  D  A  N  I  L
Q  O  G  L  B  A  U  C  C  E  L  H  N  Y
A  A  K  T  J  I  T  J  J  R  B  E  I  E
K  R  A  L  L  I  K  O  P  H  S  N  K  K
S  A  R  A  Y  K  Z  Z  R  A  Z  D  N  A
K  A  S  I  L  A  I  P  E  L  D  E  R  L
K  I  U  J  S  L  R  C  N  T  U  K  C  K
C  B  L  K  U  E  H  R  S  I  V  K  J  A
S  M  B  I  J  N  O  N  E  E  A  Z  P  N
T  D  R  Y  Ç  D  M  U  S  N  R  H  P  Z
```

ZIRH	KALE
MANCINIK	HENDEK
ŞÖVALYE	IMPARATORLUK
AT	ASIL
TAÇ	SARAY
HANEDAN	DUVAR
EJDERHA	PRENSES
KALKAN	PRENS
KILIÇ	KRALLIK
FEODAL	KULE

82 - Escola # 2

```
E  D  K  A  L  E  M  F  T  L  M  S  M  U
D  Z  Â  K  R  B  Ğ  D  R  U  A  Ö  J  Y
E  L  Ğ  A  Ö  L  S  I  B  T  K  Z  M  J
B  O  I  D  B  Ğ  I  T  T  O  A  L  A  A
I  J  T  E  I  G  R  U  K  I  S  Ü  T  R
Y  O  A  M  L  E  T  E  İ  I  M  K  E  K
A  Y  K  I  G  R  Ç  C  T  O  K  U  M  A
T  U  V  K  I  E  A  I  A  M  J  A  A  D
L  N  I  I  S  Ç  N  V  P  F  E  L  T  A
U  L  M  J  A  L  T  F  L  F  C  N  İ  Ş
S  A  K  H  Y  E  A  H  A  J  V  Y  K  L
Q  R  I  C  A  R  S  G  R  M  K  I  I  A
U  G  Z  R  R  B  I  L  I  M  Z  L  T  R
J  R  T  G  K  Ü  T  Ü  P  H  A  N  E  P
```

AKADEMIK	OKUMA
ARKADAŞLAR	EDEBIYAT
KÜTÜPHANE	KİTAPLAR
TAKVIM	MATEMATİK
BILIM	SIRT ÇANTASI
BILGISAYAR	KÂĞIT
SÖZLÜK	ÖĞRETMEN
EĞITIM	GEREÇLER
OYUNLAR	MAKAS
KALEM	

83 - Abelhas

```
O  B  A  H  Ç  E  C  E  Ç  Y  L  C  Z  K
L  A  K  O  V  A  N  V  B  İ  B  A  B  R
U  L  G  Ü  N  E  Ş  B  İ  Ç  Ç  J  A  A
P  M  E  K  O  S  İ  S  T  E  M  E  L  L
N  U  G  P  O  L  E  N  K  Ş  D  G  K  I
J  M  Q  Q  L  I  Y  Z  İ  I  K  H  A  Ç
V  U  M  F  S  Q  D  K  L  T  D  B  N  E
A  D  T  E  V  K  D  S  E  L  U  T  A  P
O  N  B  K  Y  J  I  Ü  R  I  M  A  T  E
B  Ö  C  E  K  V  G  R  L  L  A  T  L  L
U  P  B  A  I  H  E  Ü  V  I  N  Y  A  S
E  A  E  L  S  Ç  İ  Ç  E  K  L  E  R  M
G  F  S  F  N  G  F  A  Y  D  A  L  I  U
Z  E  H  F  T  T  V  O  N  D  N  I  Z  C
```

KANATLAR
FAYDALI
BALMUMU
KOVAN
ÇEŞİTLİLİK
EKOSİSTEM
SÜRÜ
ÇİÇEK
ÇİÇEKLER

MEYVE
DUMAN
BÖCEK
BAHÇE
BAL
BİTKİLER
POLEN
KRALİÇE
GÜNEŞ

84 - Banheiro

```
B  O  Ş  E  P  S  U  O  N  V  I  L  Q  N
U  B  A  L  O  S  Y  O  N  Z  T  Q  D  T
H  A  M  H  Q  U  F  T  C  O  C  P  F  Z
A  N  P  A  R  F  Ü  M  U  K  B  A  Z  A
R  Y  U  V  K  İ  L  İ  M  V  G  Q  V  C
S  O  A  L  M  A  O  K  T  G  A  U  F  F
G  H  N  U  U  C  S  K  K  T  H  L  H  D
D  U  Ş  K  S  A  A  Ü  T  V  G  A  E  G
L  L  I  T  L  R  B  Y  N  I  I  Y  A  T
P  T  C  S  U  N  U  Q  T  G  T  N  J  Z
G  B  A  C  K  A  N  N  P  V  E  A  L  Z
J  A  I  N  H  I  I  P  I  R  L  R  Y  V
C  C  J  Y  R  P  B  Q  J  E  P  A  S  N
U  I  O  V  V  T  H  K  M  D  S  O  Z  S
```

SU	SABUN
TUVALET	KİLİM
BANYO	MAKAS
DUŞ	HAVLU
AYNA	MUSLUK
SÜNGER	BUHAR
LOSYON	ŞAMPUAN
PARFÜM	

85 - Ciência

```
Y E R Ç E K İ M İ K L K S Q
J O V S M M M İ F U A I Y Q
H F J D O Ğ A N Q M B M A P
F O S İ L D P E T K O Y L A
B T Z F E E V R I M R A G R
Y İ O Z K N O A H G A S Z Ç
Z Ö T U Ü E S L G E T A B A
H N N K L Y C L M R U L J C
M I U T İ T T E T Ç V E R I
R A P O E L A R J E A N L K
V K A O G M E Z T K R Z M L
H S I K T F N R Y A T O M A
F İ Z İ K E I K L I M S J R
S B N F G Ö Z L E M Y Z S R
```

ATOM
IKLIM
VERI
EVRIM
DENEY
GERÇEK
FİZİK
FOSİL
YERÇEKİMİ
HIPOTEZ

LABORATUVAR
YÖNTEM
MİNERALLER
MOLEKÜL
DOĞA
GÖZLEM
PARÇACIKLAR
BİTKİLER
KIMYASAL

86 - Cores

```
B  R  Z  J  F  B  C  A  E  S  V  U  C  F
E  Q  Y  Q  O  Q  O  K  I  R  M  I  Z  I
Y  M  B  T  S  N  S  A  R  I  H  Y  Z  C
A  E  O  U  L  S  Q  H  K  N  G  E  J  I
Z  N  G  R  E  N  N  V  I  A  C  Ş  C  P
I  E  Z  U  J  B  S  E  P  Y  A  I  L  B
Q  K  O  N  Z  E  I  R  E  C  M  L  V  M
B  Ş  L  C  Y  J  Y  E  M  J  G  T  T  A
K  E  N  U  F  A  A  N  B  V  Ö  G  M  H
M  A  V  I  E  U  H  G  E  J  B  C  G  B
K  Q  G  Y  C  I  Ş  I  F  R  E  M  D  U
V  P  Y  U  S  V  I  Y  M  Y  Ğ  Y  B  J
Y  M  N  G  R  I  Q  H  A  H  I  R  K  Z
Q  E  T  P  U  V  B  S  Y  H  F  D  C  G
```

SARI	KAHVERENGI
MAVI	SIYAH
BEJ	PEMBE
BEYAZ	MOR
CAMGÖBEĞI	SEPYA
GRI	YEŞIL
FUŞYA	KIRMIZI
TURUNCU	MENEKŞE

87 - Comida #1

```
Ç G Y H Ç D J Q H B Q Q F S
İ Y B A S O Ğ A N Y T B E Ş
L M M V V B R N F H D I S E
E V E U K H A B T D E A L K
K K Y Ç K Y R G A K E K E E
F S V V L J P G F B T I Ğ R
I I E F B O A G S Ü T S E G
T H S K A Y I S I Y U P N U
S Q U T L Ş S D I R Z A U L
S G Y P I O A A C Q Y N P İ
P N U C K K L L R C E A O M
S A R I M S A K G I P K I O
G C D E F Q T F T A R Ç I N
Z S U K C P A J L T M K O E
```

ŞEKER	ISPANAK
SARIMSAK	SÜT
FISTIK	LİMON
BALIK	FESLEĞEN
KEK	ÇİLEK
TARÇIN	ŞALGAM
SOĞAN	TUZ
HAVUÇ	SALATA
ARPA	ÇORBA
KAYISI	MEYVE SUYU

88 - Pássaros

```
F K V T F U F E M B Y P Z O
C L A P R H V R J A K A Z D
F K A R G A B G T L U P Z V
C Y A M T A V U S I Ğ A M F
U Q N A İ A D G T K U Ğ P P
S D E R E N L U İ Ç J A S E
U E I T G B G K P I F N M N
F V R I Ü O N O E L N G E G
K E Z Ç V L E Y L E K Ö R U
H K B P E Q T K İ R C R Q E
Y U M U R T A R K I G D E N
P Ş E V C B V Q A C Q E E T
J U D K I G U J N U B K C J
D J I T N S K T U K A N U G
```

DEVEKUŞU	BALIKÇIL
KARTAL	YUMURTA
LEYLEK	PAPAĞAN
KUĞU	SERÇE
KARGA	ÖRDEK
GUGUK	TAVUS
FLAMİNGO	PELİKAN
TAVUK	PENGUEN
MARTI	GÜVERCIN
KAZ	TUKAN

89 - Virtudes #1

```
S  C  A  K  A  Y  I  H  D  J  B  H  B  H
P  A  A  P  C  D  C  F  J  L  I  B  A  F
T  R  N  V  E  R  I  M  L  I  L  Ü  Ğ  Q
K  U  A  A  A  K  I  L  L  I  G  Y  I  Q
J  A  T  T  T  B  D  E  F  C  E  Ü  M  V
M  N  I  K  I  S  H  E  Y  T  İ  L  S  O
O  P  C  N  U  K  A  U  M  H  Y  E  I  H
M  E  R  A  K  L  I  L  Ü  G  İ  Y  Z  A
C  Ö  M  E  R  T  U  Z  T  E  M  I  Z  S
M  J  N  F  C  V  Q  B  E  H  K  C  T  T
Y  A  R  A  R  L  I  A  V  C  T  I  D  A
H  E  B  D  I  O  A  Y  A  N  H  P  Z  D
M  I  Y  M  V  U  P  P  Z  R  J  R  T  N
A  A  V  M  K  G  D  H  I  K  P  T  E  P
```

TUTKULU	AKILLI
SANATSAL	TEMIZ
İYİ	MÜTEVAZI
MERAKLI	HASTA
VERIMLI	PRATIK
BÜYÜLEYICI	BILGE
CÖMERT	YARARLI
BAĞIMSIZ	

90 - Literatura

```
F  F  Y  B  İ  Y  O  G  R  A  F  İ  A  A
F  İ  A  E  C  I  N  V  R  K  D  T  N  N
Q  M  Z  F  T  A  R  Z  C  A  İ  R  E  A
S  S  A  K  E  Y  U  R  U  F  Y  A  K  L
Y  O  R  O  M  A  N  K  S  I  A  J  D  O
R  A  N  L  A  T  I  C  I  Y  L  E  O  J
L  E  H  U  L  M  P  H  G  E  O  D  T  İ
L  E  D  J  Ç  F  L  Z  Q  Ö  G  İ  E  M
K  A  R  Ş  I  L  A  Ş  T  I  R  M  A  S
M  E  C  A  Z  H  R  I  D  K  H  Ü  K  L
Q  T  A  N  I  M  İ  I  A  G  U  B  Ş  E
P  T  S  H  N  R  T  R  V  A  A  R  T  E
Z  O  L  A  Y  F  İ  D  I  L  U  E  G  L
J  Y  Z  O  N  U  M  A  N  A  L  I  Z  U
```

ANALOJİ	KURGU
ANALIZ	MECAZ
ANEKDOT	ANLATICI
YAZAR	GÖRÜŞ
BİYOGRAFİ	ŞIIR
KARŞILAŞTIRMA	KAFIYE
SONUÇ	RİTİM
TANIM	ROMAN
DİYALOG	TEMA
TARZ	TRAJEDİ

91 - Clima

```
F D F G G Ö K Y Ü Z Ü I P K
I N U Ö G S K Y N A Z M B B
R L R K P B U L U T L U E K
T I Ü G E F R V H M I S P A
I J Z Ü Q E A H F O M O R S
N G G R F K K Y E S I N T I
A Ö Â Ü S M L I S F K N R R
A K R L K F I L Q E L J O G
B K V T U G K D F R I Y P A
L U I Ü R E L I B B M U İ O
U Ş R S U U C R M U U S K Y
T A P Ü İ Q T I V G Z L I F
M Ğ Y V Z S E M F E G I U B
S I C A K L I K K U T U P T
```

GÖKKUŞAĞI
ATMOSFER
ESINTI
GÖKYÜZÜ
IKLIM
BUZ
MUSON
SIS
BULUTLU
BULUT

KUTUP
YILDIRIM
KURAKLIK
KURU
SICAKLIK
FIRTINA
KASIRGA
TROPİK
GÖK GÜRÜLTÜSÜ
RÜZGÂR

92 - Tecnologia

```
Y  S  A  C  F  N  S  H  E  O  R  İ  F  E
K  A  M  E  R  A  P  I  K  D  O  S  Y  A
K  N  Z  B  G  A  V  İ  R  Ü  S  T  A  G
A  A  E  İ  S  Ü  K  N  A  V  T  A  R  O
C  L  O  L  L  Z  V  T  N  E  A  T  A  L
S  A  C  G  F  I  A  E  K  R  R  İ  Ş  K
K  Z  U  I  O  Y  M  R  N  I  A  S  T  N
I  F  E  S  İ  Y  N  N  C  L  Y  T  I  A
B  B  H  A  Z  M  J  E  N  F  I  İ  R  P
O  G  I  Y  S  E  L  T  J  S  C  K  M  T
Y  J  F  A  S  S  C  E  V  M  I  H  A  S
R  B  I  R  B  A  D  G  Ç  B  L  O  G  Y
Y  G  Z  J  C  J  B  A  Y  T  Y  J  Z  I
M  C  N  Q  T  Y  D  İ  J  İ  T  A  L  S
```

DOSYA	İNTERNET
BLOG	MESAJ
BAYT	TARAYICI
KAMERA	ARAŞTIRMA
BILGISAYAR	GÜVENLIK
İMLEÇ	YAZILIM
VERI	EKRAN
DİJITAL	SANAL
İSTATİSTİK	VİRÜS

93 - Arte

```
V U Y R Q D R T Q Q Z Y V J
U Z M D Y P S E M N L A K F
J H Z U K O N U A R I R S E
K K Q Z O T D K O L H A Ü S
J J I Q M E K Ü L M G T R E
R P G Q P G A M R Z S M R R
V B A O O P R Y Q Ü N A E A
Ş D H S Z I M C H G S K A M
P I U M I F A D E Ö E T L İ
M U I H S L Ş D Y R M D I K
B N F R Y H I P K S B I Z F
O V H M O V K F E E O T M D
J L A M N N Q L L L L K P I
U Q M E I L H A M K E P R H
```

SERAMİK	ILHAM
KARMAŞIK	ASIL
KOMPOZISYON	ŞIIR
YARATMAK	SEMBOL
HEYKEL	KONU
IFADE	SÜRREALIZM
DÜRÜST	GÖRSEL

94 - Dinossauros

```
H Q Z B S T R U G K T I P C
O H J Q P Z H P I A G K E Q
L T S D R G R V P N G A J S
U I O L E V R I M A U Y H Ü
T Z M G H V U H T R B F R
O C N J İ K A A A L R O O Ü
P Y İ Z S L T S J A Z L S N
R F V Z T T M C A R G M İ G
A L O P O T Ç U L H Ü A L E
K F R U R S K B K P Ç M L N
M A E F İ I L O Ü V L C E M
K Ö T Ü K D K Y S Y Ü G R Q
Z K U Y R U K U R N Ü F H C
O M A M U T F T O A V K I V
```

KANATLAR	OMNİVORE
KUYRUK	GÜÇLÜ
KAYBOLMA	AV
DEVASA	PREHİSTORİK
EVRIM	SÜRÜNGEN
FOSİLLER	BOYUT
BÜYÜK	TOPRAK
OTÇUL	KÖTÜ
MAMUT	

95 - Esportes

```
G O L F B A S K E T B O L Q
E Y H A R E K E T T B Y A T
Y U S T A D Y U M A I U J T
U N H A K E M Z R H S N S V
H C E İ H N O O B Z İ T K Z
C U Q U Y A R J H O K E Y E
J İ M N A S T İ K G L Ş S C
A T L E T A K I M R E A Y M
S F Q K U L U U I R T M P K
U V B K N O T E N İ S P T K
A V S S Y N O T Y N B İ L K
K A Z A N A N F Q F Y Y L O
T Z O F N S E V B N M O S Ç
M R T N M U R V G A L N S Q
```

ATLET
HAKEM
BASKETBOL
BEYZBOL
BISIKLET
ŞAMPIYON
TAKIM
STADYUM
KAZANAN

SALON
JİMNASTİK
GOLF
HOKEY
OYUNCU
OYUN
HAREKET
TENİS
KOÇ

96 - Comida # 2

```
B  L  E  J  D  B  H  E  B  I  P  B  B  Q
R  G  L  L  P  L  S  M  K  P  I  A  U  U
J  B  M  A  B  L  Y  S  F  T  R  L  Ğ  E
E  D  A  J  I  T  F  M  M  A  I  I  D  N
Z  G  R  N  T  Q  D  C  L  V  N  K  A  G
Y  U  M  U  R  T  A  O  Y  U  Ç  I  Y  İ
N  O  B  R  O  K  O  L  İ  K  E  R  K  N
M  V  Ğ  L  P  E  Y  N  I  R  H  A  T  A
K  U  B  U  Q  Ü  Z  Ü  M  L  R  Z  A  R
M  İ  Z  R  R  R  S  J  A  M  B  O  N  T
K  C  V  F  U  T  K  M  N  L  A  S  U  Z
I  J  Ç  İ  K  O  L  A  T  A  D  K  P  K
P  A  T  L  I  C  A  N  A  Z  E  A  G  O
D  O  M  A  T  E  S  V  R  S  M  N  Z  Q
```

ENGİNAR	YOĞURT
BADEM	KİVİ
PIRINÇ	ELMA
MUZ	YUMURTA
PATLICAN	BALIK
BROKOLİ	JAMBON
KIRAZ	PEYNIR
ÇİKOLATA	DOMATES
MANTAR	BUĞDAY
TAVUK	ÜZÜM

97 - Barcos

```
M Ü R E T T E B A T M M C D
Y M I D B F Y Z I E M E S E
E O I N E H I R L V E Z D N
L H P N Ş L T D C I K Z K I
K L F H A D E N İ Z C İ M Z
E U G G M D U F E R İ B O T
N M H E A İ A D E N İ Z T T
L A G L N R V L K A N O O E
İ N Z G D E J Y G Ç G N R T
G Ö L I I K I A T A A G P O
D F Y T R T K T C J L P H L
C V S S A D D L Q P R A A K
F O K Y A N U S I D O K R I
P A M I G L V Q P Q I D K E
```

ÇAPA
FERİBOT
ŞAMANDIRA
KANO
IP
DOK
YAT
SAL
GÖL
DENIZ

GELGIT
DENİZCİ
DİREK
MOTOR
DENİZ
OKYANUS
DALGALAR
NEHIR
MÜRETTEBAT
YELKENLİ

98 - Piratas

```
Y  S  D  R  I  S  J  O  A  Z  P  H  F  F
R  T  P  T  E  H  L  I  K  E  Q  Q  O  L
L  L  B  U  F  A  L  T  I  N  N  H  L  Z
Y  K  C  E  S  İ  K  K  E  D  T  A  F  C
D  S  O  N  A  U  N  O  B  V  H  R  O  M
O  N  H  G  N  R  L  M  N  P  L  İ  S  K
M  G  N  V  E  F  Ç  A  P  A  L  T  C  A
T  J  C  A  G  H  Z  Ğ  F  D  S  A  E  P
J  A  Y  K  P  A  P  A  Ğ  A  N  L  J  T
K  B  D  A  G  Z  S  R  K  I  L  I  Ç  A
C  Ö  J  Q  C  I  M  A  C  E  R  A  Q  N
G  I  T  Y  Z  N  P  Y  A  R  A  İ  Z  İ
E  S  M  Ü  R  E  T  T  E  B  A  T  O  U
O  K  Y  A  N  U  S  B  B  D  U  I  O  Y
```

MACERA	KÖTÜ
ÇAPA	SİKKE
PUSULA	OKYANUS
KAPTAN	ALTIN
MAĞARA	PAPAĞAN
YARA İZİ	TEHLIKE
KILIÇ	PLAJ
ADA	ROM
EFSANE	HAZINE
HARİTA	MÜRETTEBAT

99 - Mamíferos

```
Z  C  B  Z  U  H  M  I  G  O  C  K  U  U
P  H  O  E  E  J  Ç  A  K  A  L  F  L  E
F  P  Ğ  B  P  J  R  S  Y  E  M  I  E  K
B  A  A  R  A  T  Z  L  L  M  D  L  Z  U
L  C  C  A  Q  İ  P  A  P  A  U  İ  Ü  U
H  E  S  B  A  L  I  N  A  T  U  N  R  S
N  R  A  M  T  K  U  N  D  U  Z  G  A  F
G  U  Y  N  B  İ  D  O  K  Z  O  G  F  I
A  T  A  E  D  J  M  O  E  V  T  G  A  B
K  B  Y  D  F  O  V  A  C  C  B  O  G  K
Y  U  N  U  S  D  K  A  N  G  U  R  U  O
I  K  N  K  Ö  P  E  K  U  R  T  İ  D  Y
H  C  R  O  Z  T  A  V  Ş  A  N  L  B  U
N  L  U  V  J  N  F  B  E  G  H  U  Y  N
```

BALINA	ZÜRAFA
DEVE	YUNUS
KANGURU	GORİL
KUNDUZ	ASLAN
AT	KURT
KÖPEK	MAYMUN
TAVŞAN	KOYUN
ÇAKAL	TİLKİ
FIL	BOĞA
KEDİ	ZEBRA

100 - Atividades e Lazer

```
V  Q  E  P  D  B  Q  G  N  F  S  A  B  U
O  T  L  E  B  A  F  L  C  U  P  Z  A  G
L  E  N  U  O  O  L  B  K  T  Z  Z  H  C
E  N  U  Q  Y  O  K  I  Q  B  A  Y  Ç  C
Y  İ  S  N  A  P  A  S  Ş  O  T  Ü  I  B
B  S  O  F  M  H  O  B  İ  L  E  R  V  A
O  E  Ö  L  A  E  N  E  P  H  L  Ü  A  L
L  S  U  R  S  M  S  Y  M  Y  I  Y  N  I
G  O  L  F  F  N  A  Z  V  Ü  D  Ü  L  K
H  G  S  N  F  Y  N  B  J  Z  F  Ş  I  Ç
S  Q  J  V  C  D  A  O  N  M  O  O  K  I
A  H  Q  L  T  F  T  L  T  E  R  N  Q  L
R  A  H  A  T  L  A  T  I  C  I  O  N  I
H  R  B  A  S  K  E  T  B  O  L  Y  E  K
```

SANAT	DALIŞ
BASKETBOL	YÜZME
BEYZBOL	BALIKÇILIK
BOKS	BOYAMA
YÜRÜYÜŞ	RAHATLATICI
FUTBOL	SÖRF
GOLF	TENİS
HOBİLER	VOLEYBOL
BAHÇIVANLIK	

1 - Dirigindo

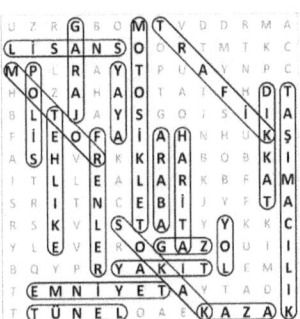

2 - Atividades

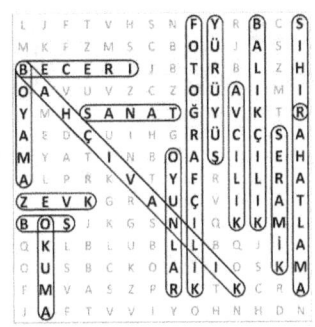

3 - Churrascos

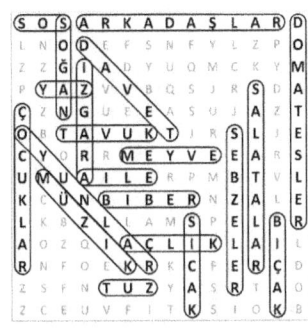

4 - Pesca

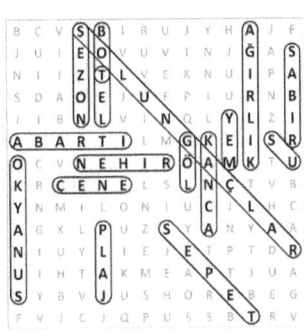

5 - Geologia

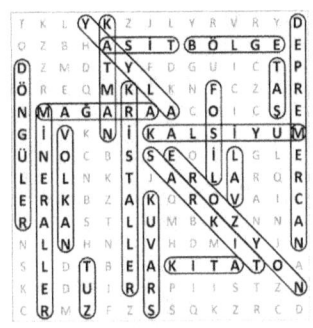

6 - Tempo

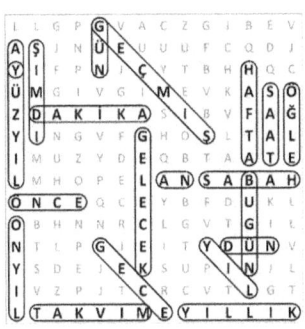

7 - Astronomia

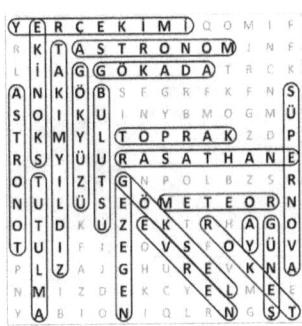

8 - Circo

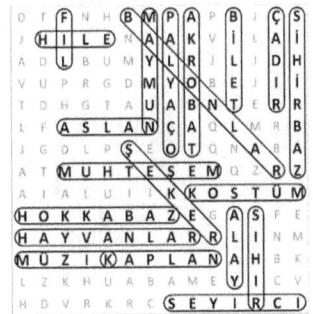

9 - Acampamento

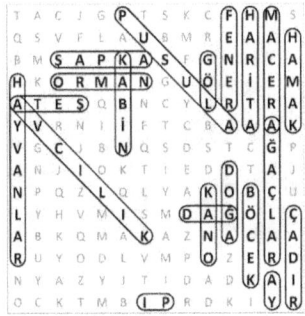

10 - Emoções

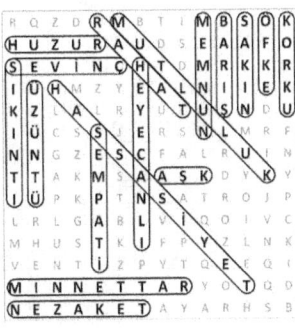

11 - Ficção Científica

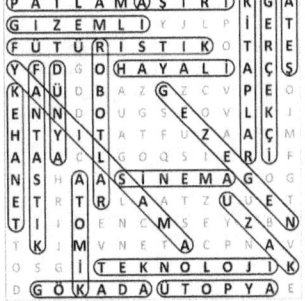

12 - Mitologia

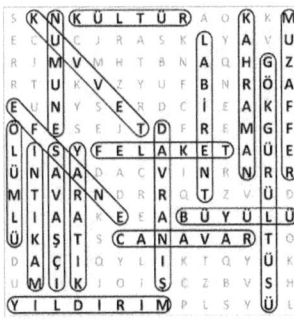

13 - Medições

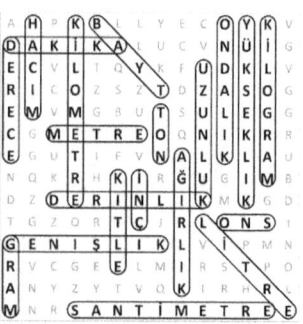

14 - Plantas

15 - Veículos

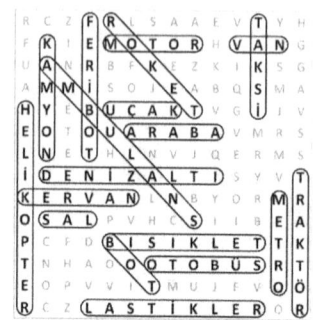

16 - Restaurante # 2

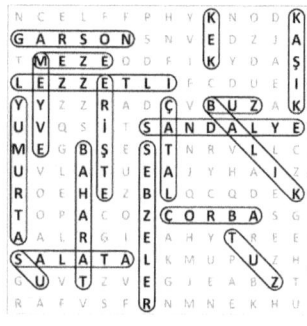

17 - Países #2

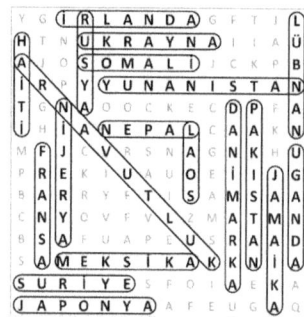

18 - Cozinha

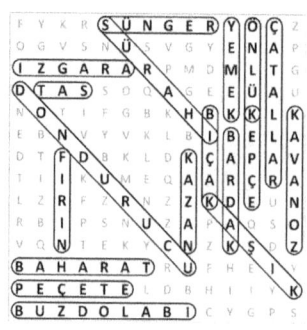

19 - Brinquedos

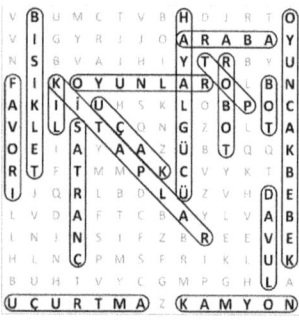

20 - Verão

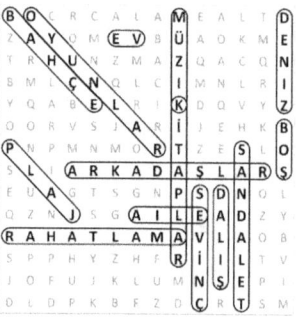

21 - Material de Arte

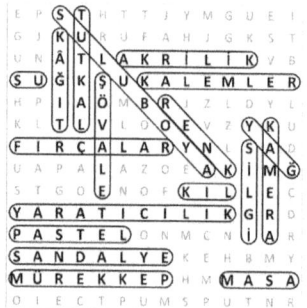

22 - Números

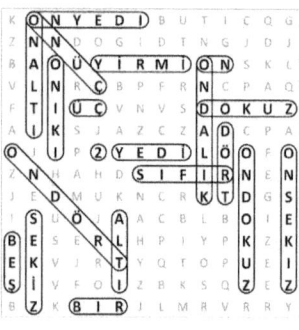

23 - Ferramentas

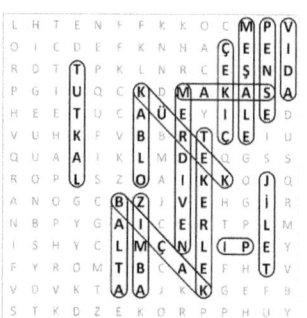

24 - Especiarias

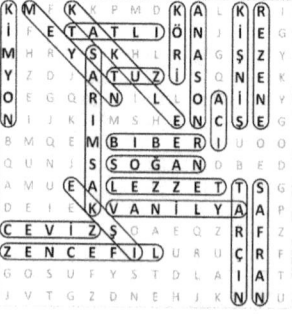

25 - Aniversário

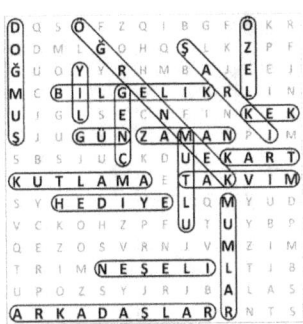

26 - Casa

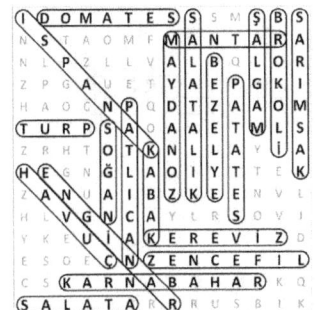

27 - Vegetais

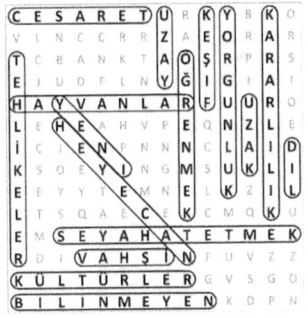

28 - Exploração

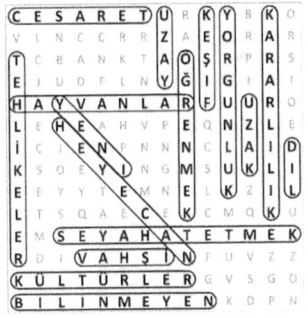

29 - Balé

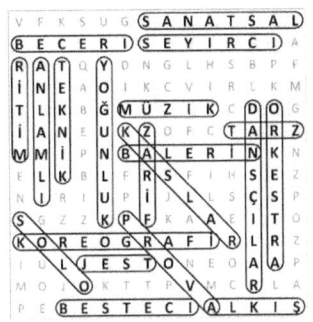

30 - Adjetivos #1

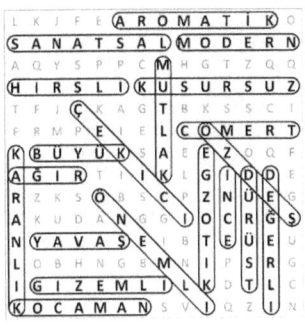

31 - Insetos

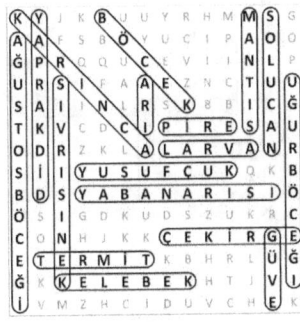

32 - Paisagens

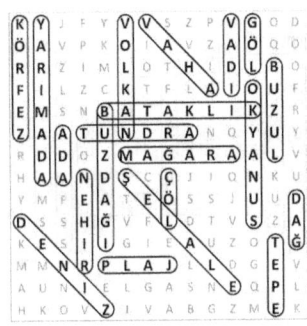

33 - Dança

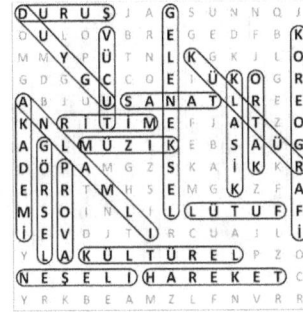

34 - Nutrição

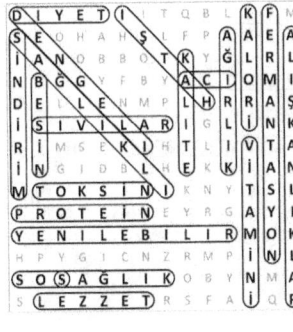

35 - Disciplinas Científicas

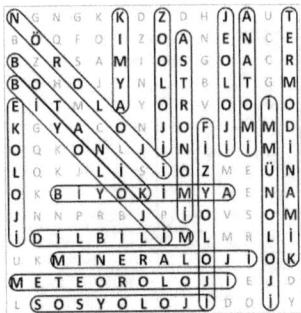

36 - Meditação

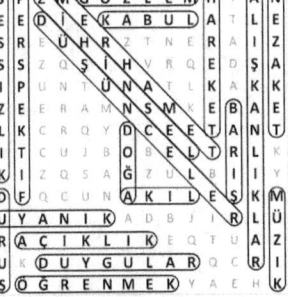

37 - Artes Visuais

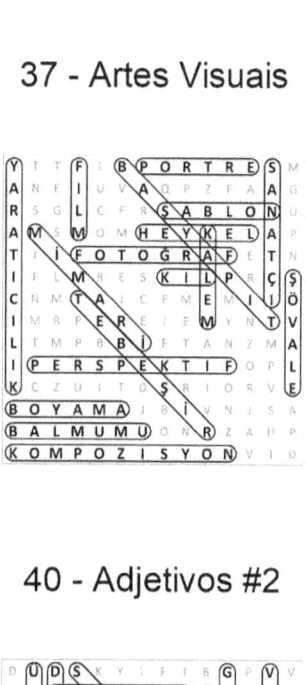

38 - Instrumentos Musicais

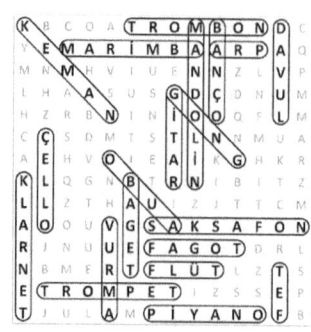

39 - Escola #1

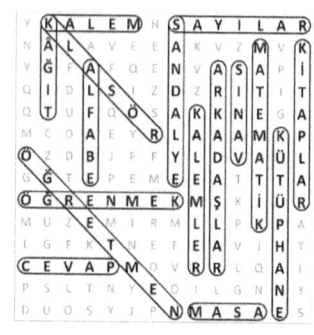

40 - Adjetivos #2

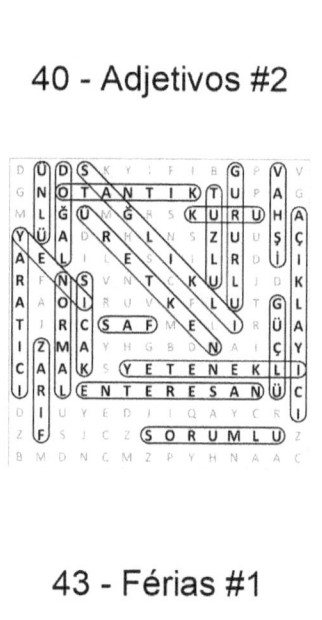

41 - Roupas

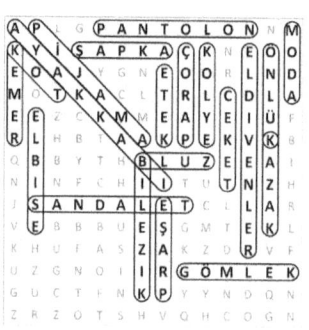

42 - Herbalismo

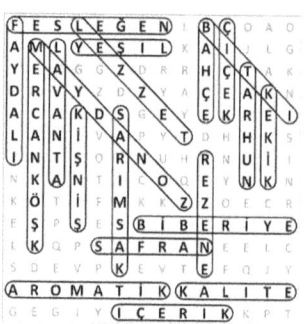

43 - Férias #1

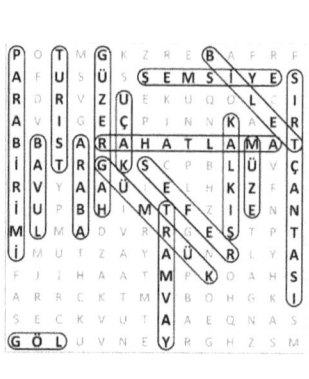

44 - Frutas

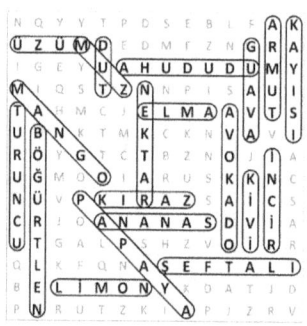

45 - Corpo Humano

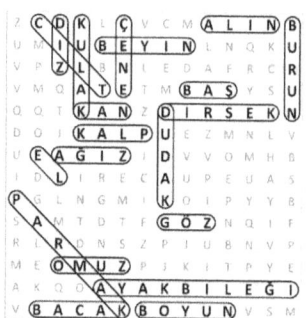

46 - Restaurante #1

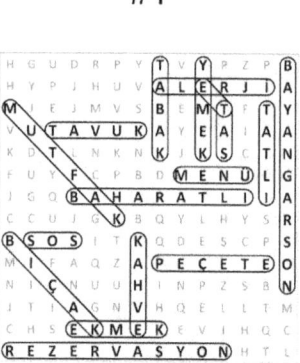

47 - Caminhada

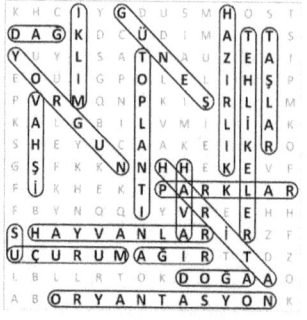

48 - Água

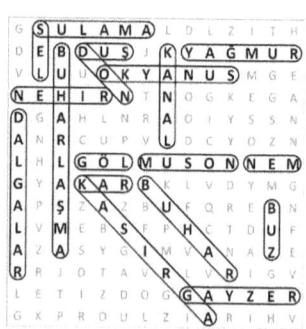

49 - Ecologia

50 - Família

51 - Férias #2

52 - Edifícios

53 - Praia

54 - Ferramentas de Cozinha

55 - Xadrez

56 - Aventura

57 - Surf

58 - Floresta Tropical

59 - Cidade

60 - Matemática

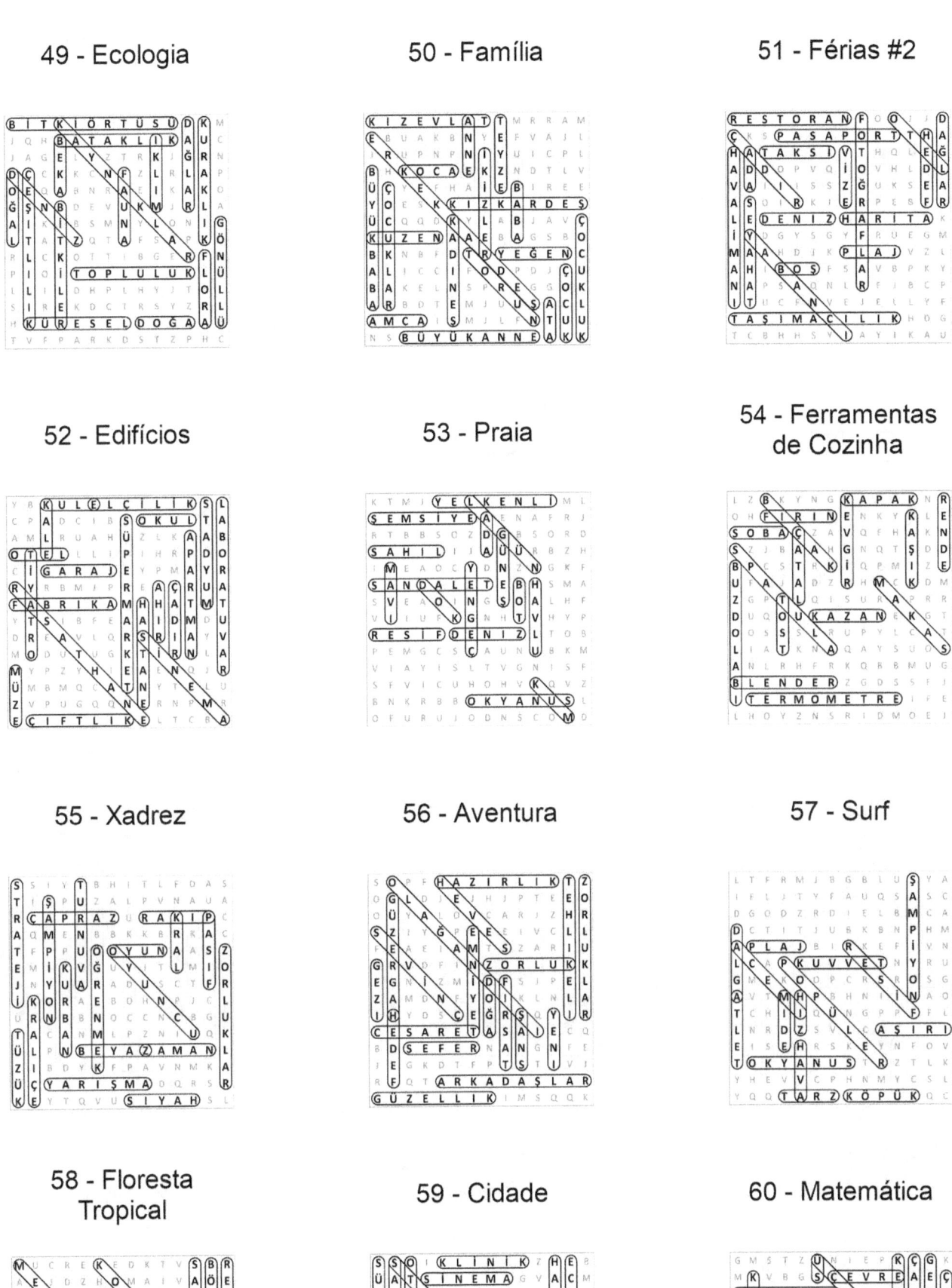

61 - Natureza

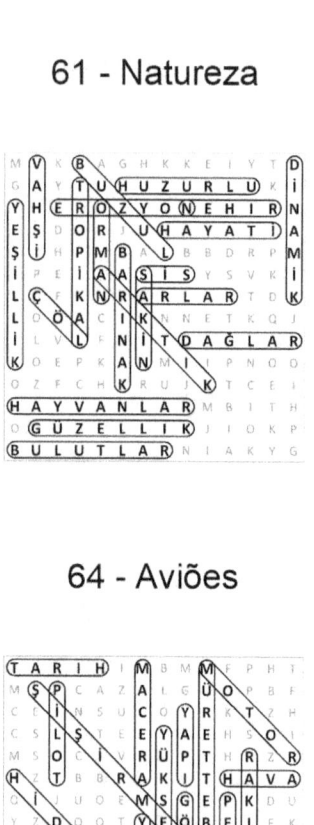

62 - Preencher

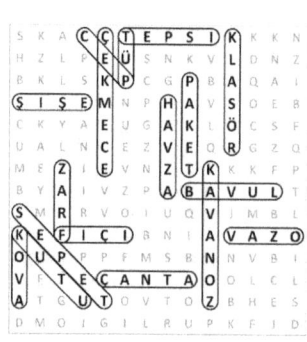

63 - Animais de Estimação

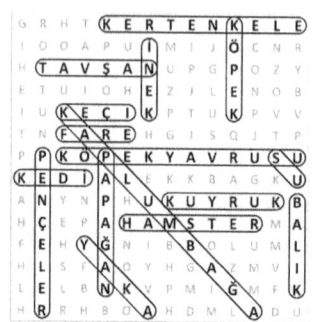

64 - Aviões

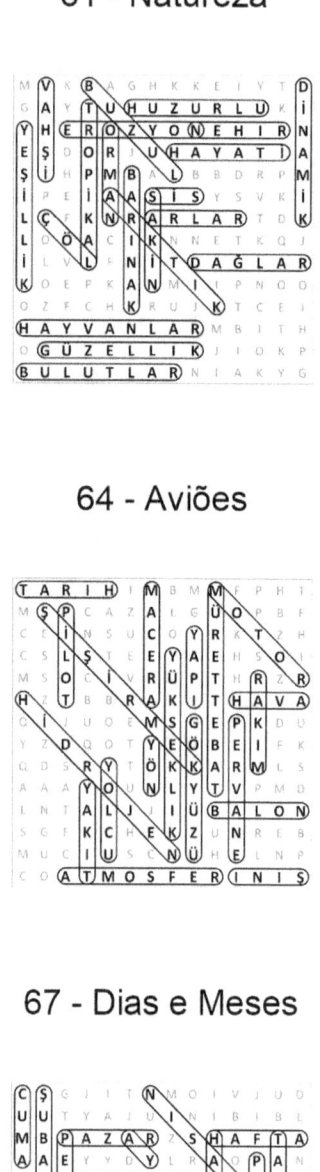

65 - Tipos de Cabelo

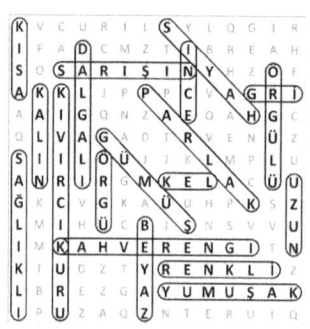

66 - Formas

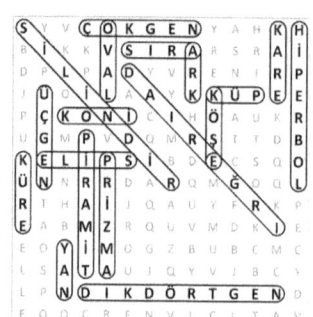

67 - Dias e Meses

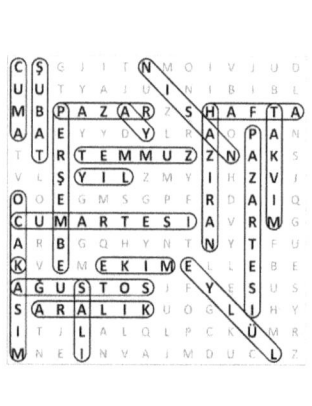

68 - Geografia

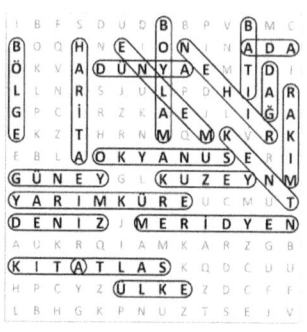

69 - Antártica

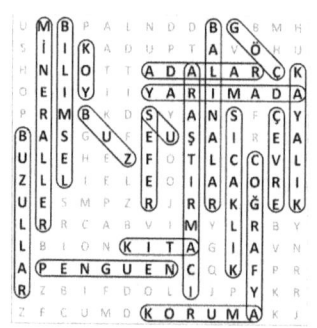

70 - Flores

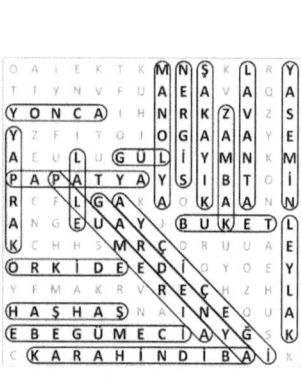

71 - Fazenda #1

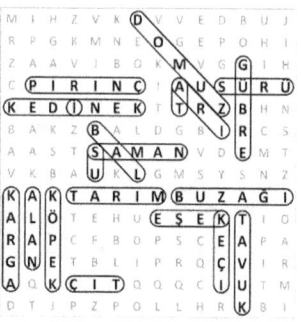

72 - Livros

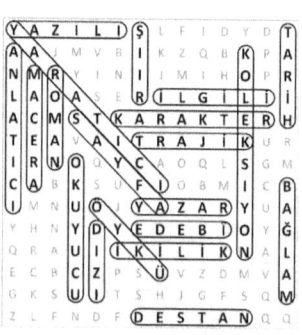

73 - Chocolate

74 - Profissões #2

75 - Fazenda #2

76 - Jardim

77 - Comédia

78 - Oceano

79 - Profissões #1

80 - Campeonato

81 - Castelos

82 - Escola # 2

83 - Abelhas

84 - Banheiro

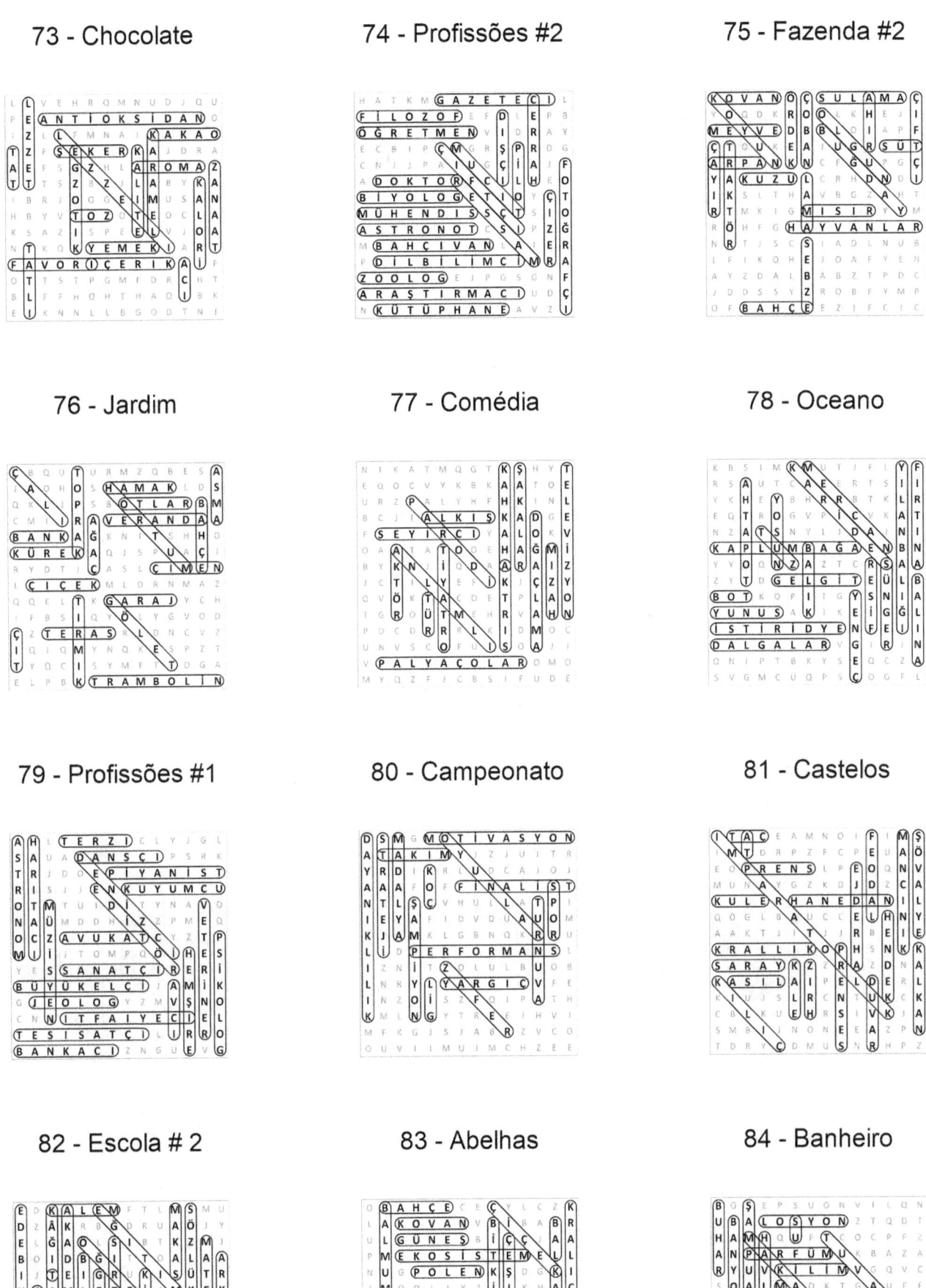

85 - Ciência

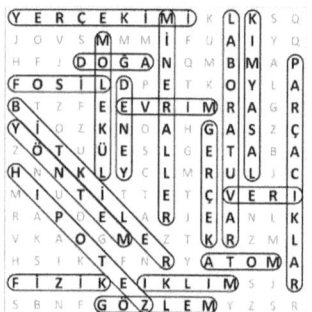

86 - Cores

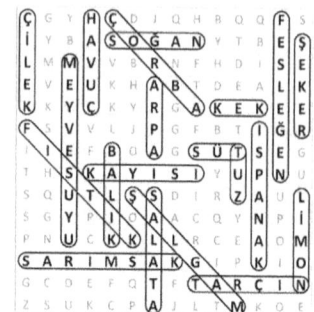

87 - Comida #1

88 - Pássaros

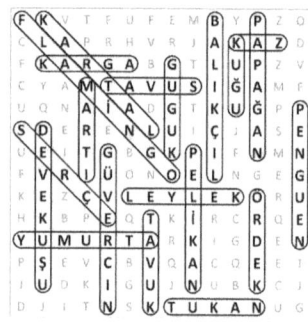

89 - Virtudes #1

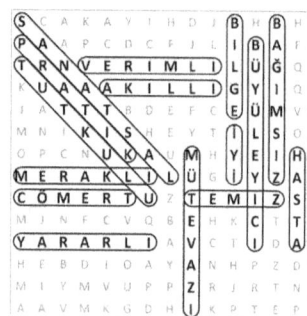

90 - Literatura

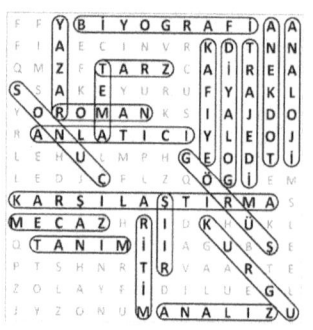

91 - Clima

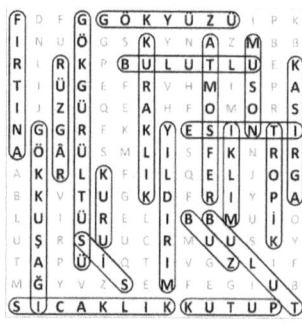

92 - Tecnologia

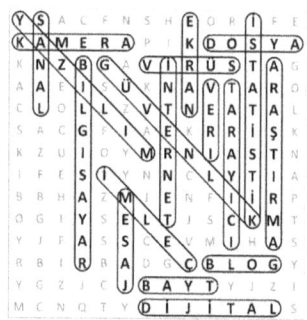

93 - Arte

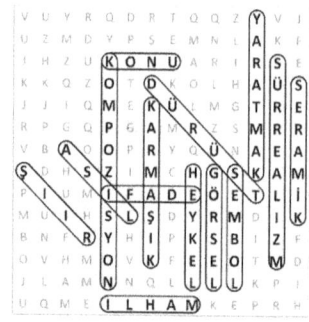

94 - Dinossauros

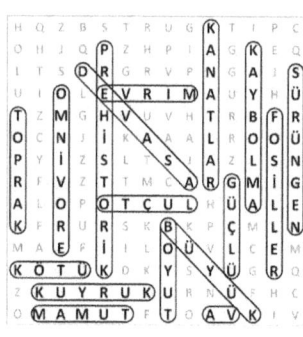

95 - Esportes

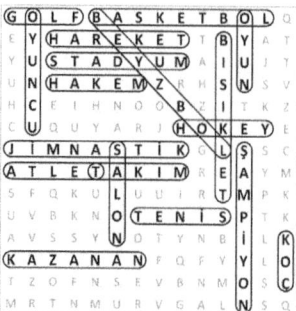

96 - Comida # 2

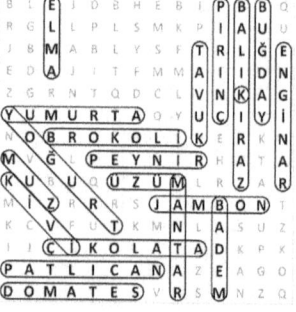

97 - Barcos

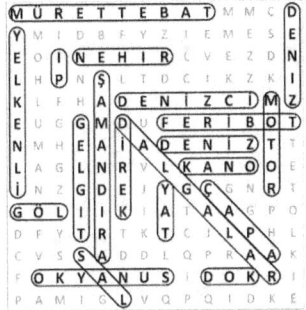

98 - Piratas

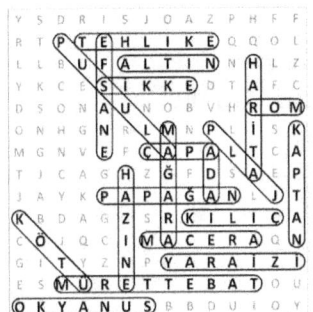

99 - Mamíferos

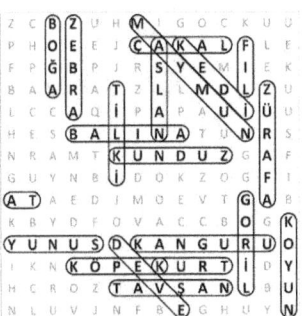

100 - Atividades e Lazer

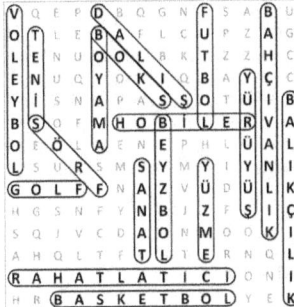

Dicionário

Abelhas
Arılar

Asas	Kanatlar
Benéfico	Faydali
Cera	Balmumu
Colmeia	Kovan
Diversidade	Çeşitlilik
Ecossistema	Ekosistem
Enxame	Sürü
Flor	Çiçek
Flores	Çiçekler
Fruta	Meyve
Fumaça	Duman
Inseto	Böcek
Jardim	Bahçe
Mel	Bal
Plantas	Bitkiler
Pólen	Polen
Rainha	Kraliçe
Sol	Güneş

Acampamento
Kamp Yapmak

Animais	Hayvanlar
Aventura	Macera
Árvores	Ağaçlar
Bússola	Pusula
Cabine	Kabin
Caça	Avcilik
Canoa	Kano
Chapéu	Şapka
Corda	Ip
Floresta	Orman
Fogo	Ateş
Inseto	Böcek
Lago	Göl
Lanterna	Fener
Lua	Ay
Maca	Hamak
Mapa	Harita
Montanha	Dağ
Natureza	Doğa
Tenda	Çadir

Adjetivos #1
Sıfatlar #1

Absoluto	Mutlak
Ambicioso	Hirsli
Aromático	Aromatik
Artístico	Sanatsal
Atraente	Çekici
Enorme	Kocaman
Escuro	Karanlik
Exótico	Egzotik
Fino	Ince
Generoso	Cömert
Grande	Büyük
Honesto	Dürüst
Idêntico	Özdeş
Importante	Önemli
Lento	Yavaş
Misterioso	Gizemli
Moderno	Modern
Perfeito	Kusursuz
Pesado	Ağir
Valioso	Değerli

Adjetivos #2
Sıfatlar #2

Autêntico	Otantik
Criativo	Yaratici
Descritivo	Açiklayici
Dotado	Yetenekli
Elegante	Zarif
Famoso	Ünlü
Forte	Güçlü
Interessante	Enteresan
Natural	Doğal
Normal	Normal
Novo	Yeni
Orgulhoso	Gururlu
Produtivo	Üretken
Puro	Saf
Quente	Sicak
Responsável	Sorumlu
Salgado	Tuzlu
Saudável	Sağlikli
Seco	Kuru
Selvagem	Vahşi

Animais de Estimação
Evcil Hayvan

Água	Su
Cabra	Keçi
Cachorro	Köpek Yavrusu
Cauda	Kuyruk
Cão	Köpek
Coelho	Tavşan
Colarinho	Yaka
Garras	Pençeler
Gatinho	Kedi Yavrusu
Gato	Kedi
Hamster	Hamster
Lagarto	Kertenkele
Mouse	Fare
Papagaio	Papağan
Peixe	Balik
Tartaruga	Kaplumbağa
Vaca	İnek
Veterinário	Veteriner

Aniversário
Doğum Günü

Alegre	Neşeli
Amigos	Arkadaşlar
Ano	Yil
Aprender	Öğrenmek
Bolo	Kek
Calendário	Takvim
Canção	Şarki
Cartões	Kart
Celebração	Kutlama
Dia	Gün
Dom	Hediye
Especial	Özel
Feliz	Mutlu
Jovem	Genç
Nascer	Doğmuş
Sabedoria	Bilgelik
Tempo	Zaman
Velas	Mumlar

Antártica
Antarktika

Ambiente	Çevre
Água	Su
Baía	Koy
Baleias	Balinalar
Científico	Bilimsel
Conservação	Koruma
Continente	Kita
Expedição	Sefer
Geleiras	Buzullar
Gelo	Buz
Geografia	Coğrafya
Ilhas	Adalar
Investigador	Araştirmaci
Migração	Göç
Minerais	Mineraller
Península	Yarimada
Pinguins	Penguen
Rochoso	Kayalik
Temperatura	Sicaklik
Topografia	Topoğrafya

Arte
Sanat

Cerâmica	Seramik
Complexo	Karmaşik
Composição	Kompozisyon
Criar	Yaratmak
Escultura	Heykel
Expressão	Ifade
Honesto	Dürüst
Inspirado	Ilham
Original	Asil
Poesia	Şiir
Símbolo	Sembol
Sujeito	Konu
Surrealismo	Sürrealizm
Visual	Görsel

Artes Visuais
Görsel Sanatlar

Argila	Kil
Arquitetura	Mimari
Artista	Sanatçi
Caneta	Kalem
Cavalete	Şövale
Cera	Balmumu
Composição	Kompozisyon
Criatividade	Yaraticilik
Escultura	Heykel
Estêncil	Şablon
Filme	Film
Fotografia	Fotoğraf
Giz	Tebeşir
Obra-Prima	Başyapit
Perspectiva	Perspektif
Pintura	Boyama
Retrato	Portre

Astronomia
Astronomi

Astronauta	Astronot
Astrônomo	Astronom
Celestial	Göksel
Céu	Gökyüzü
Constelação	Takimyildiz
Eclipse	Tutulma
Equinócio	Ekinoks
Foguete	Roket
Galáxia	Gökada
Gravidade	Yerçekimi
Lua	Ay
Meteoro	Meteor
Nebulosa	Bulutsu
Observatório	Rasathane
Planeta	Gezegen
Radiação	Radyasyon
Solar	Güneş
Supernova	Süpernova
Terra	Toprak
Universo	Evren

Atividades
Etkinlikler

Arte	Sanat
Caca	Avcilik
Caminhada	Yürüyüş
Cerâmica	Seramik
Fotografia	Fotoğrafçilik
Habilidade	Beceri
Jardinagem	Bahçivanlik
Jogos	Oyunlar
Lazer	Boş
Lendo	Okuma
Magia	Sihir
Pesca	Balikçilik
Pintura	Boyama
Prazer	Zevk
Relaxamento	Rahatlama

Atividades e Lazer
Aktiviteler ve boş Zaman

Arte	Sanat
Basquete	Basketbol
Beisebol	Beyzbol
Boxe	Boks
Caminhada	Yürüyüş
Futebol	Futbol
Golfe	Golf
Hobbies	Hobiler
Jardinagem	Bahçivanlik
Mergulho	Daliş
Natação	Yüzme
Pesca	Balikçilik
Pintura	Boyama
Relaxante	Rahatlatici
Surfe	Sörf
Tênis	Tenis
Viagem	Seyahat Etmek
Voleibol	Voleybol

Aventura
Macera

Alegria	Sevinç
Amigos	Arkadaşlar
Beleza	Güzellik
Bravura	Cesaret
Chance	Şans
Desafios	Zorluklar
Destino	Hedef
Dificuldade	Zorluk
Entusiasmo	Heves
Excursão	Gezi
Incomum	Olağan Dişi
Itinerário	Güzergah
Natureza	Doğa
Navegação	Sefer
Novo	Yeni
Oportunidade	Firsat
Perigoso	Tehlikeli
Preparação	Hazirlik
Segurança	Emniyet
Surpreendente	Şaşirtici

Aviões
Uçaklar

Altitude	Rakim
Altura	Yükseklik
Ar	Hava
Atmosfera	Atmosfer
Aventura	Macera
Balão	Balon
Céu	Gökyüzü
Combustível	Yakit
Construção	Yapi
Descida	Iniş
Direção	Yön
Hélices	Pervane
Hidrogênio	Hidrojen
História	Tarih
Inflar	Şişirmek
Motor	Motor
Passageiro	Yolcu
Piloto	Pilot
Tripulação	Mürettebat
Turbulência	Türbülans

Água
Suçlu

Canal	Kanal
Chuva	Yağmur
Chuveiro	Duş
Evaporação	Buharlaşma
Furacão	Kasirga
Geada	Don
Gelo	Buz
Geyser	Gayzer
Inundação	Sel
Irrigação	Sulama
Lago	Göl
Monção	Muson
Neve	Kar
Oceano	Okyanus
Ondas	Dalgalar
Rio	Nehir
Umidade	Nem
Vapor	Buhar

Balé
Bale

Aplauso	Alkiş
Artístico	Sanatsal
Bailarina	Balerin
Compositor	Besteci
Coreografia	Koreografi
Dançarinos	Dansçilar
Ensaio	Prova
Estilo	Tarz
Expressivo	Anlamli
Gesto	Jest
Gracioso	Zarif
Habilidade	Beceri
Intensidade	Yoğunluk
Músculos	Kaslar
Música	Müzik
Orquestra	Orkestra
Público	Seyirci
Ritmo	Ritim
Solo	Solo
Técnica	Teknik

Banheiro
Banyo

Água	Su
Banheiro	Tuvalet
Banho	Banyo
Chuveiro	Duş
Espelho	Ayna
Esponja	Sünger
Loção	Losyon
Perfume	Parfüm
Sabão	Sabun
Tapete	Kilim
Tesoura	Makas
Toalha	Havlu
Torneira	Musluk
Vapor	Buhar
Xampu	Şampuan

Barcos
Tekneler

Âncora	Çapa
Balsa	Feribot
Bóia	Şamandira
Canoa	Kano
Corda	Ip
Doca	Dok
Iate	Yat
Jangada	Sal
Lago	Göl
Mar	Deniz
Maré	Gelgit
Marinheiro	Denizci
Mastro	Direk
Motor	Motor
Náutico	Deniz
Oceano	Okyanus
Ondas	Dalgalar
Rio	Nehir
Tripulação	Mürettebat
Veleiro	Yelkenli

Brinquedos
Oyuncaklar

Argila	Kil
Avião	Uçak
Barco	Bot
Bateria	Davul
Bicicleta	Bisiklet
Bola	Top
Boneca	Oyuncak Bebek
Caminhão	Kamyon
Carro	Araba
Favorito	Favori
Imaginação	Hayal Gücü
Jogos	Oyunlar
Livros	Kitaplar
Pipa	Uçurtma
Robô	Robot
Xadrez	Satranç

Caminhada
Yürüyüş

Animais	Hayvanlar
Água	Su
Cansado	Yorgun
Clima	Iklim
Cume	Toplanti
Mapa	Harita
Montanha	Dağ
Natureza	Doğa
Orientação	Oryantasyon
Parques	Parklar
Pedras	Taşlar
Penhasco	Uçurum
Perigos	Tehlikeler
Pesado	Ağir
Preparação	Hazirlik
Selvagem	Vahşi
Sol	Güneş
Tempo	Hava

Campeonato
Şampiyonluk

Campeão	Şampiyon
Desempenho	Performans
Equipe	Takim
Esportes	Spor
Estratégia	Strateji
Finalista	Finalist
Jogos	Oyunlar
Juiz	Yargiç
Liga	Lig
Medalha	Madalya
Motivação	Motivasyon
Resistência	Dayaniklilik
Torneio	Turnuva
Treinador	Koç
Vitória	Zafer

Casa
Ev

Biblioteca	Kütüphane
Cerca	Çit
Chaves	Anahtarlar
Chuveiro	Duş
Cortinas	Perdeler
Cozinha	Mutfak
Espelho	Ayna
Garagem	Garaj
Janela	Pencere
Jardim	Bahçe
Lareira	Şömine
Mobiliário	Mobilya
Parede	Duvar
Porta	Kapi
Quarto	Oda
Sótão	Çati Kati
Tapete	Kilim
Teto	Tavan
Torneira	Musluk
Vassoura	Süpürge

Castelos
Kaleler

Armadura	Zirh
Catapulta	Mancinik
Cavaleiro	Şövalye
Cavalo	At
Coroa	Taç
Dinastia	Hanedan
Dragão	Ejderha
Escudo	Kalkan
Espada	Kiliç
Feudal	Feodal
Fortaleza	Kale
Fosso	Hendek
Império	Imparatorluk
Nobre	Asil
Palácio	Saray
Parede	Duvar
Princesa	Prenses
Príncipe	Prens
Reino	Krallik
Torre	Kule

Chocolate
Çikolatalı

Açúcar	Şeker
Amargo	Aci
Antioxidante	Antioksidan
Aroma	Aroma
Artesanal	Zanaat
Cacau	Kakao
Calorias	Kalori
Caramelo	Karamel
Comer	Yemek
Delicioso	Lezzetli
Doce	Tatli
Exótico	Egzotik
Favorito	Favori
Gosto	Tat
Ingrediente	Içerik
Pó	Toz
Qualidade	Kalite
Sabor	Lezzet

Churrascos
Barbeküler

Amigos	Arkadaşlar
Cebolas	Soğan
Convite	Davet
Crianças	Çocuklar
Facas	Bıçak
Família	Aile
Fome	Açlık
Frango	Tavuk
Fruta	Meyve
Grelha	Izgara
Jogos	Oyunlar
Legumes	Sebzeler
Molho	Sos
Música	Müzik
Pimenta	Biber
Quente	Sıcak
Sal	Tuz
Saladas	Salatalar
Tomates	Domatesler
Verão	Yaz

Cidade
Kasaba

Aeroporto	Havalimani
Banco	Banka
Biblioteca	Kütüphane
Cinema	Sinema
Clínica	Klinik
Escola	Okul
Estádio	Stadyum
Farmácia	Eczane
Florista	Çiçekçi
Galeria	Galeri
Hotel	Otel
Livraria	Kitapçı
Mercado	Pazar
Museu	Müze
Padaria	Fırın
Restaurante	Restoran
Salão	Salon
Supermercado	Süpermarket
Teatro	Tiyatro
Universidade	Üniversite

Ciência
Bilim

Átomo	Atom
Clima	Iklim
Dados	Veri
Evolução	Evrim
Experiência	Deney
Fato	Gerçek
Física	Fizik
Fóssil	Fosil
Gravidade	Yerçekimi
Hipótese	Hipotez
Laboratório	Laboratuvar
Método	Yöntem
Minerais	Mineraller
Moléculas	Molekül
Natureza	Doğa
Observação	Gözlem
Organismo	Organizma
Partículas	Parçaciklar
Plantas	Bitkiler
Químico	Kimyasal

Circo
Sirk

Acrobata	Akrobat
Animais	Hayvanlar
Balões	Balonlar
Bilhete	Bilet
Desfile	Alay
Doce	Şeker
Elefante	Fil
Espectador	Seyirci
Espetacular	Muhteşem
Leão	Aslan
Macaco	Maymun
Magia	Sihir
Malabarista	Hokkabaz
Mágico	Sihirbaz
Música	Müzik
Palhaço	Palyaço
Tenda	Çadir
Tigre	Kaplan
Traje	Kostüm
Truque	Hile

Clima
Hava

Arco-Íris	Gökkuşaği
Atmosfera	Atmosfer
Brisa	Esinti
Céu	Gökyüzü
Clima	Iklim
Gelo	Buz
Monção	Muson
Nevoeiro	Sis
Nublado	Bulutlu
Nuvem	Bulut
Polar	Kutup
Relâmpago	Yildirim
Seca	Kuraklik
Seco	Kuru
Temperatura	Sicaklik
Tempestade	Firtina
Tornado	Kasirga
Tropical	Tropik
Trovão	Gök Gürültüsü
Vento	Rüzgâr

Comédia
Komedi

Aplauso	Alkiş
Ator	Aktör
Atriz	Aktris
Expressivo	Anlamli
Gênero	Tür
Humor	Mizah
Improvisação	Doğaçlama
Palhaços	Palyaçolar
Paródia	Parodi
Piada	Şakalar
Público	Seyirci
Riso	Kahkaha
Teatro	Tiyatro
Televisão	Televizyon

Comida # 2
Yemek #2

Alcachofra	Enginar
Amêndoa	Badem
Arroz	Pirinç
Banana	Muz
Beringela	Patlican
Brócolis	Brokoli
Cereja	Kiraz
Chocolate	Çikolata
Cogumelo	Mantar
Frango	Tavuk
Iogurte	Yoğurt
Kiwi	Kivi
Maçã	Elma
Ovo	Yumurta
Peixe	Balik
Presunto	Jambon
Queijo	Peynir
Tomate	Domates
Trigo	Buğday
Uva	Üzüm

Comida #1
Yemek #1

Açúcar	Şeker
Alho	Sarimsak
Amendoim	Fistik
Atum	Balik
Bolo	Kek
Canela	Tarçin
Cebola	Soğan
Cenoura	Havuç
Cevada	Arpa
Damasco	Kayisi
Espinafre	Ispanak
Leite	Süt
Limão	Limon
Manjericão	Fesleğen
Morango	Çilek
Nabo	Şalgam
Sal	Tuz
Salada	Salata
Sopa	Çorba
Suco	Meyve Suyu

Cores
Renk

Amarelo	Sari
Azul	Mavi
Bege	Bej
Branco	Beyaz
Ciano	Camgöbeği
Cinza	Gri
Fuchsia	Fuşya
Laranja	Turuncu
Marrom	Kahverengi
Preto	Siyah
Rosa	Pembe
Roxo	Mor
Sépia	Sepya
Verde	Yeşil
Vermelho	Kirmizi
Violeta	Menekşe

Corpo Humano
İnsan Vücudu

Boca	Ağiz
Cabeça	Baş
Cérebro	Beyin
Coração	Kalp
Cotovelo	Dirsek
Dedo	Parmak
Joelho	Diz
Lábios	Dudak
Mão	El
Nariz	Burun
Olho	Göz
Ombro	Omuz
Orelha	Kulak
Pele	Cilt
Perna	Bacak
Pescoço	Boyun
Queixo	Çene
Sangue	Kan
Testa	Alin
Tornozelo	Ayak Bileği

Cozinha
Mutfak

Avental	Önlük
Chaleira	Kazan
Colheres	Kaşik
Comer	Yemek
Concha	Kepçe
Cups	Bardak
Especiarias	Baharat
Esponja	Sünger
Facas	Biçak
Forno	Firin
Freezer	Dondurucu
Garfos	Çatallar
Geladeira	Buzdolabi
Grelha	Izgara
Guardanapo	Peçete
Jar	Kavanoz
Jarro	Sürahi
Tigela	Tas

Dança
Dans

Academia	Akademi
Alegre	Neşeli
Arte	Sanat
Clássico	Klasik
Coreografia	Koreografi
Corpo	Vücut
Cultura	Kültür
Cultural	Kültürel
Emoção	Duygu
Ensaio	Prova
Expressivo	Anlamli
Graça	Lütuf
Movimento	Hareket
Música	Müzik
Parceiro	Ortak
Postura	Duruş
Ritmo	Ritim
Tradicional	Geleneksel
Visual	Görsel

Dias e Meses
Günler ve Aylar

Abril	Nisan
Agosto	Ağustos
Ano	Yil
Calendário	Takvim
Dezembro	Aralik
Domingo	Pazar
Fevereiro	Şubat
Janeiro	Ocak
Julho	Temmuz
Junho	Haziran
Mês	Ay
Novembro	Kasim
Outubro	Ekim
Quinta-Feira	Perşembe
Sábado	Cumartesi
Segunda-Feira	Pazartesi
Semana	Hafta
Setembro	Eylül
Sexta-Feira	Cuma
Terça	Sali

Dinossauros
Dinozorlar

Asas	Kanatlar
Cauda	Kuyruk
Desaparecimento	Kaybolma
Enorme	Devasa
Evolução	Evrim
Fósseis	Fosiller
Grande	Büyük
Herbívoro	Otçul
Mamute	Mamut
Onívoro	Omnivore
Poderoso	Güçlü
Presa	Av
Pré-Histórico	Prehistorik
Réptil	Sürüngen
Tamanho	Boyut
Terra	Toprak
Vicioso	Kötü

Dirigindo
Sürüş

Acidente	Kaza
Carro	Araba
Combustível	Yakit
Cuidado	Dikkat
Estrada	Yol
Freios	Frenler
Garagem	Garaj
Gás	Gaz
Licença	Lisans
Mapa	Harita
Motocicleta	Motosiklet
Motor	Motor
Pedestre	Yaya
Perigo	Tehlike
Polícia	Polis
Rua	Sokak
Segurança	Emniyet
Transporte	Taşimacilik
Tráfego	Trafik
Túnel	Tünel

Disciplinas Científicas
Bilimsel Disiplinler

Anatomia	Anatomi
Arqueologia	Arkeoloji
Astronomia	Astronomi
Biologia	Biyoloji
Bioquímica	Biyokimya
Botânica	Botanik
Cinesiologia	Kinesiyoloji
Ecologia	Ekoloji
Fisiologia	Fizyoloji
Geologia	Jeoloji
Imunologia	İmmünoloji
Linguística	Dilbilim
Meteorologia	Meteoroloji
Mineralogia	Mineraloji
Neurologia	Nöroloji
Psicologia	Psikoloji
Química	Kimya
Sociologia	Sosyoloji
Termodinâmica	Termodinamik
Zoologia	Zooloji

Ecologia
Ekoloji

Clima	Iklim
Comunidades	Topluluk
Diversidade	Çeşitlilik
Fauna	Fauna
Flora	Flora
Global	Küresel
Marinho	Deniz
Montanhas	Dağlar
Natural	Doğal
Natureza	Doğa
Pântano	Bataklik
Plantas	Bitkiler
Recursos	Kaynaklar
Seca	Kuraklik
Sobrevivência	Beka
Vegetação	Bitki Örtüsü
Voluntários	Gönüllü

Edifícios
Site

Apartamento	Apartman
Castelo	Kale
Celeiro	Ahir
Cinema	Sinema
Embaixada	Elçilik
Escola	Okul
Estádio	Stadyum
Fazenda	Çiftlik
Fábrica	Fabrika
Garagem	Garaj
Hospital	Hastane
Hotel	Otel
Laboratório	Laboratuvar
Museu	Müze
Observatório	Rasathane
Supermercado	Süpermarket
Teatro	Tiyatro
Tenda	Çadir
Torre	Kule
Universidade	Üniversite

Emoções
Duygular

Alegria	Sevinç
Amor	Aşk
Animado	Heyecanli
Bem-Aventurança	Mutluluk
Bondade	Nezaket
Calmo	Sakin
Grato	Minnettar
Medo	Korku
Paz	Bariş
Raiva	Öfke
Relaxado	Rahat
Satisfeito	Memnun
Simpatia	Sempati
Ternura	Hassasiyet
Tédio	Sikinti
Tranquilidade	Huzur
Tristeza	Üzüntü

Escola # 2
Okul #2

Acadêmico	Akademik
Amigos	Arkadaşlar
Biblioteca	Kütüphane
Calendário	Takvim
Ciência	Bilim
Computador	Bilgisayar
Dicionário	Sözlük
Educação	Eğitim
Gramática	Dilbilgisi
Jogos	Oyunlar
Lápis	Kalem
Leitura	Okuma
Literatura	Edebiyat
Livros	Kitaplar
Matemática	Matematik
Mochila	Sirt Çantasi
Papel	Kâğit
Professor	Öğretmen
Suprimentos	Gereçler
Tesoura	Makas

Escola #1
Okul #1

Alfabeto	Alfabe
Amigos	Arkadaşlar
Aprender	Öğrenmek
Biblioteca	Kütüphane
Cadeira	Sandalye
Canetas	Kalemler
Exames	Sinav
Lápis	Kalem
Livros	Kitaplar
Matemática	Matematik
Mesa	Masa
Números	Sayilar
Papel	Kâğit
Pastas	Klasör
Professor	Öğretmen
Respostas	Cevap

Especiarias
Baharat

Açafrão	Safran
Alcaçuz	Meyan
Alho	Sarimsak
Amargo	Aci
Anis	Anason
Azedo	Ekşi
Baunilha	Vanilya
Canela	Tarçin
Cardamomo	Kakule
Caril	Köri
Cebola	Soğan
Coentro	Kişniş
Cominho	Kimyon
Doce	Tatli
Funcho	Rezene
Gengibre	Zencefil
Noz-Moscada	Ceviz
Pimenta	Biber
Sabor	Lezzet
Sal	Tuz

Esportes
Spor

Atleta	Atlet
Árbitro	Hakem
Basquete	Basketbol
Beisebol	Beyzbol
Bicicleta	Bisiklet
Campeonato	Şampiyon
Equipe	Takim
Estádio	Stadyum
Ganhador	Kazanan
Ginásio	Salon
Ginástica	Jimnastik
Golfe	Golf
Hóquei	Hokey
Jogador	Oyuncu
Jogo	Oyun
Movimento	Hareket
Tênis	Tenis
Treinador	Koç

Exploração
Keşif

Animais	Hayvanlar
Aprender	Öğrenmek
Coragem	Cesaret
Culturas	Kültürler
Descoberta	Keşif
Desconhecido	Bilinmeyen
Determinação	Kararlilik
Distante	Uzak
Espaço	Uzay
Exaustão	Yorgunluk
Excitação	Heyecan
Língua	Dil
Novo	Yeni
Perigos	Tehlikeler
Selvagem	Vahşi
Viagem	Seyahat Etmek

Família
Aile

Antepassado	Ata
Avó	Büyükanne
Avô	Büyük Baba
Criança	Çocuk
Crianças	Çocuklar
Esposa	Kadin Eş
Filha	Kiz Evlat
Gêmeos	İkizler
Infância	Çocukluk
Irmã	Kiz Kardeş
Irmão	Erkek Kardeş
Marido	Koca
Mãe	Anne
Neto	Torun
Pai	Baba
Primo	Kuzen
Sobrinha	Yeğen
Sobrinho	Erkek Yeğen
Tia	Teyze
Tio	Amca

Fazenda #1
Çiftlik #1

Abelha	Ari
Agricultura	Tarim
Arroz	Pirinç
Água	Su
Bezerro	Buzaği
Burro	Eşek
Cabra	Keçi
Campo	Alan
Cavalo	At
Cão	Köpek
Cerca	Çit
Corvo	Karga
Feno	Saman
Fertilizante	Gübre
Frango	Tavuk
Gato	Kedi
Mel	Bal
Porco	Domuz
Rebanho	Sürü
Vaca	İnek

Fazenda #2
Çiftlik #2

Agricultor	Çiftçi
Animais	Hayvanlar
Celeiro	Ahir
Cevada	Arpa
Colmeia	Kovan
Cordeiro	Kuzu
Fruta	Meyve
Irrigação	Sulama
Leite	Süt
Lhama	Lama
Maduro	Olgun
Milho	Misir
Ovelha	Koyun
Pastor	Çoban
Pato	Ördek
Pomar	Bahçe
Prado	Çayir
Trator	Traktör
Trigo	Buğday
Vegetal	Sebze

Ferramentas
Araçlar

Alicate	Pense
Cabo	Kablo
Cola	Tutkal
Corda	Ip
Escada	Merdiven
Faca	Biçak
Grampeador	Zimba
Machado	Balta
Martelo	Çekiç
Navalha	Jilet
Parafuso	Vida
Pá	Kürek
Roda	Tekerlek
Tesoura	Makas
Tocha	Meşale

Ferramentas de Cozinha
Pişirme Gereçleri

Chaleira	Kazan
Coador	Kevgir
Colher	Kaşik
Espátula	Spatula
Faca	Biçak
Fogão	Soba
Forno	Firin
Garfo	Çatal
Geladeira	Buzdolabi
Liquidificador	Blender
Ralador	Rende
Tampa	Kapak
Termômetro	Termometre
Tesoura	Makas
Torradeira	Tost

Férias #1
Tatil #1

Alfândega	Gümrük
Avião	Uçak
Bilhete	Bilet
Bonde	Tramvay
Carro	Araba
Expedição	Sefer
Guarda-Chuva	Şemsiye
Itinerário	Güzergah
Lago	Göl
Mala	Bavul
Mochila	Sirt Çantasi
Moeda	Para Birimi
Museu	Müze
Partida	Kalkiş
Relaxamento	Rahatlama
Turista	Turist

Férias #2
Tatil #2

Aeroporto	Havalimani
Destino	Hedef
Estrangeiro	Yabanci
Fotos	Fotoğraflar
Hotel	Otel
Ilha	Ada
Lazer	Boş
Mapa	Harita
Mar	Deniz
Montanhas	Dağlar
Passaporte	Pasaport
Praia	Plaj
Restaurante	Restoran
Táxi	Taksi
Tenda	Çadir
Transporte	Taşimacilik
Viagem	Seyahat
Visto	Vize

Ficção Científica
Bilim Kurgu

Atómico	Atomik
Cinema	Sinema
Distante	Uzak
Explosão	Patlama
Extremo	Aşiri
Fantástico	Fantastik
Fogo	Ateş
Futurista	Fütüristik
Galáxia	Gökada
Ilusão	Yanilsama
Imaginário	Hayali
Livros	Kitaplar
Misterioso	Gizemli
Mundo	Dünya
Oráculo	Kehanet
Planeta	Gezegen
Realista	Gerçekçi
Robôs	Robotlar
Tecnologia	Teknoloji
Utopia	Ütopya

Flores
Çiçekler

Buquê	Buket
Dente-De-Leão	Karahindiba
Gardênia	Gardenya
Girassol	Ayçiçeği
Hibisco	Ebegümeci
Jasmim	Yasemin
Lavanda	Lavanta
Lilás	Leylak
Lírio	Zambak
Magnólia	Manolya
Margarida	Papatya
Narciso	Nergis
Orquídea	Orkide
Papoula	Haşhaş
Peônia	Şakayik
Pétala	Yaprak
Plumeria	Plumeria
Rosa	Gül
Trevo	Yonca
Tulipa	Lale

Floresta Tropical
Yağmur Ormanları

Botânico	Botanik
Clima	Iklim
Comunidade	Topluluk
Diversidade	Çeşitlilik
Insetos	Böcekler
Mamíferos	Memeliler
Musgo	Yosun
Natureza	Doğa
Nuvens	Bulutlar
Pássaros	Kuşlar
Preservação	Koruma
Refúgio	Siğinak
Respeito	Saygi
Restauração	Restorasyon
Selva	Orman
Sobrevivência	Beka
Valioso	Değerli

Formas
Şekilliler

Arco	Ark
Canto	Köşe
Cilindro	Silindir
Círculo	Daire
Cone	Koni
Cubo	Küp
Curva	Eğri
Elipse	Elips
Esfera	Küre
Hipérbole	Hiperbol
Lado	Yan
Linha	Sira
Oval	Oval
Pirâmide	Piramit
Polígono	Çokgen
Prisma	Prizma
Quadrado	Kare
Retângulo	Dikdörtgen
Triângulo	Üçgen

Frutas
Meyve

Abacate	Avokado
Abacaxi	Ananas
Amora	Böğürtlen
Baga	Dut
Banana	Muz
Cereja	Kiraz
Damasco	Kayisi
Figo	İncir
Framboesa	Ahududu
Goiaba	Guava
Kiwi	Kivi
Laranja	Turuncu
Limão	Limon
Maçã	Elma
Mamão	Papaya
Manga	Mango
Nectarina	Nektar
Pera	Armut
Pêssego	Şeftali
Uva	Üzüm

Geografia
Coğrafya

Altitude	Rakim
Atlas	Atlas
Cidade	Kent
Continente	Kita
Hemisfério	Yarimküre
Ilha	Ada
Latitude	Enlem
Longitude	Boylam
Mapa	Harita
Mar	Deniz
Meridiano	Meridyen
Montanha	Dağ
Mundo	Dünya
Norte	Kuzey
Oceano	Okyanus
Oeste	Bati
País	Ülke
Rio	Nehir
Sul	Güney
Território	Bölge

Geologia
Jeoloji

Ácido	Asit
Camada	Katman
Caverna	Mağara
Cálcio	Kalsiyum
Ciclos	Döngüler
Continente	Kita
Coral	Mercan
Cristais	Kristaller
Erosão	Erozyon
Estalactite	Sarkit
Fóssil	Fosil
Lava	Lav
Minerais	Mineraller
Pedra	Taş
Platô	Yayla
Quartzo	Kuvars
Sal	Tuz
Terremoto	Deprem
Vulcão	Volkan
Zona	Bölge

Herbalismo
Bitkicilik

Açafrão	Safran
Alecrim	Biberiye
Alho	Sarimsak
Aromático	Aromatik
Benéfico	Faydali
Coentro	Kişniş
Estragão	Tarhun
Flor	Çiçek
Funcho	Rezene
Ingrediente	Içerik
Jardim	Bahçe
Lavanda	Lavanta
Manjericão	Fesleğen
Manjerona	Mercanköşk
Planta	Bitki
Qualidade	Kalite
Sabor	Lezzet
Salsa	Maydanoz
Tomilho	Kekik
Verde	Yeşil

Insetos
Böcekler

Abelha	Ari
Besouro	Böcek
Borboleta	Kelebek
Cigarra	Ağustosböceği
Cupim	Termit
Formiga	Karinca
Gafanhoto	Çekirge
Joaninha	Uğur Böceği
Larva	Larva
Libélula	Yusufçuk
Louva-A-Deus	Mantis
Mariposa	Güve
Minhoca	Solucan
Mosquito	Sivrisinek
Pulga	Pire
Pulgão	Yaprakdid
Vespa	Yaban Arisi

Instrumentos Musicais
Enstrüman

Bandolim	Mandolin
Banjo	Banço
Baquetas	Baget
Clarinete	Klarnet
Fagote	Fagot
Flauta	Flüt
Gongo	Gong
Harpa	Arp
Marimba	Marimba
Oboé	Obua
Pandeiro	Tef
Percussão	Vurma
Piano	Piyano
Saxofone	Saksafon
Tambor	Davul
Trombone	Trombon
Trompete	Trompet
Violão	Gitar
Violino	Keman
Violoncelo	Çello

Jardim
Bahçe

Ancinho	Tirmik
Arbusto	Çali
Árvore	Ağaç
Banco	Bank
Cerca	Çit
Ervas Daninhas	Otlar
Flor	Çiçek
Garagem	Garaj
Grama	Çimen
Jardim	Bahçe
Lagoa	Gölet
Maca	Hamak
Mangueira	Hortum
Pá	Kürek
Solo	Toprak
Terraço	Teras
Trampolim	Trambolin
Varanda	Veranda
Videira	Asma

Literatura
Edebiyat

Analogia	Analoji
Análise	Analiz
Anedota	Anekdot
Autor	Yazar
Biografia	Biyografi
Comparação	Karşilaştirma
Conclusão	Sonuç
Descrição	Tanim
Diálogo	Diyalog
Estilo	Tarz
Ficção	Kurgu
Metáfora	Mecaz
Narrador	Anlatici
Opinião	Görüş
Poema	Şiir
Rima	Kafiye
Ritmo	Ritim
Romance	Roman
Tema	Tema
Tragédia	Trajedi

Livros
Kitaplar

Autor	Yazar
Aventura	Macera
Coleção	Koleksiyon
Contexto	Bağlam
Dualidade	İkilik
Escrito	Yazili
Épico	Destan
História	Öykü
Histórico	Tarih
Inventivo	Yaratici
Leitor	Okuyucu
Literário	Edebî
Narrador	Anlatici
Página	Sayfa
Personagem	Karakter
Poesia	Şiir
Relevante	İlgili
Romance	Roman
Série	Dizi
Trágico	Trajik

Mamíferos
Memeliler

Baleia	Balina
Camelo	Deve
Canguru	Kanguru
Castor	Kunduz
Cavalo	At
Cão	Köpek
Coelho	Tavşan
Coiote	Çakal
Elefante	Fil
Gato	Kedi
Girafa	Zürafa
Golfinho	Yunus
Gorila	Goril
Leão	Aslan
Lobo	Kurt
Macaco	Maymun
Ovelha	Koyun
Raposa	Tilki
Touro	Boğa
Zebra	Zebra

Matemática
Matematik

Aritmética	Aritmetik
Ângulos	Açilar
Decimal	Ondalik
Diâmetro	Çap
Equação	Denklem
Expoente	Üs
Fração	Kesir
Geometria	Geometri
Números	Sayilar
Paralelo	Koşut
Paralelogramo	Paralelkenar
Perímetro	Çevre
Polígono	Çokgen
Quadrado	Kare
Raio	Yariçap
Retângulo	Dikdörtgen
Simetria	Simetri
Soma	Toplam
Triângulo	Üçgen
Volume	Hacim

Material de Arte
Sanat Malzemeleri

Acrílico	Akrilik
Apagador	Silgi
Aquarelas	Suluboya
Argila	Kil
Água	Su
Cadeira	Sandalye
Cavalete	Şövale
Câmera	Kamera
Cola	Tutkal
Cores	Renk
Criatividade	Yaraticilik
Escovas	Firçalar
Lápis	Kalemler
Mesa	Masa
Óleo	Yağ
Papel	Kâğit
Pastels	Pastel
Tinta	Mürekkep

Medições
Ölçümler

Altura	Yükseklik
Byte	Bayt
Centímetro	Santimetre
Comprimento	Uzunluk
Decimal	Ondalik
Grama	Gram
Grau	Derece
Largura	Genişlik
Litro	Litre
Massa	Kitle
Metro	Metre
Minuto	Dakika
Onça	Ons
Peso	Ağirlik
Polegada	İnç
Profundidade	Derinlik
Quilograma	Kilogram
Quilômetro	Kilometre
Tonelada	Ton
Volume	Hacim

Meditação
Meditasyon

Aceitação	Kabul
Acordado	Uyanik
Aprender	Öğrenmek
Bondade	Nezaket
Clareza	Açiklik
Compaixão	Merhamet
Emoções	Duygular
Gratidão	Minnettarlik
Hábitos	Alişkanliklar
Mental	Zihinsel
Mente	Akil
Movimento	Hareket
Música	Müzik
Natureza	Doğa
Observação	Gözlem
Paz	Bariş
Pensamentos	Düşünceler
Perspectiva	Perspektif
Postura	Duruş
Silêncio	Sessizlik

Mitologia
Mitoloji

Arquétipo	Numune
Ciúmes	Kiskançlik
Comportamento	Davraniş
Criação	Yaratiliş
Criatura	Yaratik
Cultura	Kültür
Desastre	Felaket
Força	Kuvvet
Guerreiro	Savaşçi
Herói	Kahraman
Imortalidade	Ölümsüzlük
Labirinto	Labirent
Lenda	Efsane
Mágico	Büyülü
Monstro	Canavar
Mortal	Ölümlü
Relâmpago	Yildirim
Triunfante	Muzaffer
Trovão	Gök Gürültüsü
Vingança	Intikam

Natureza
Doğa

Abelhas	Arlar
Animais	Hayvanlar
Ártico	Arktik
Beleza	Güzellik
Deserto	Çöl
Dinâmico	Dinamik
Erosão	Erozyon
Floresta	Orman
Folhagem	Yeşillik
Geleira	Buzul
Montanhas	Dağlar
Nevoeiro	Sis
Nuvens	Bulutlar
Pacífico	Huzurlu
Rio	Nehir
Santuário	Barinak
Selvagem	Vahşi
Sereno	Sakin
Tropical	Tropikal
Vital	Hayati

Nutrição
Beslenme

Amargo	Aci
Apetite	Iştah
Calorias	Kalori
Comestível	Yenilebilir
Dieta	Diyet
Digestão	Sindirim
Equilibrado	Dengeli
Fermentação	Fermantasyon
Hábitos	Alişkanliklar
Líquidos	Sivilar
Molho	Sos
Nutriente	Besin
Peso	Ağirlik
Proteínas	Protein
Qualidade	Kalite
Sabor	Lezzet
Saudável	Sağlikli
Saúde	Sağlik
Toxina	Toksin
Vitamina	Vitamini

Números
Şiir

Cinco	Beş
Decimal	Ondalik
Dez	On
Dezenove	On Dokuz
Dezesseis	On Alti
Dezessete	On Yedi
Dezoito	Onsekiz
Dois	2
Doze	On Iki
Nove	Dokuz
Oito	Sekiz
Quatorze	On Dört
Quatro	Dört
Seis	Alti
Sete	Yedi
Treze	On Üç
Três	Üç
Um	Bir
Vinte	Yirmi
Zero	Sifir

Oceano
Okyanus

Alga	Yosun
Baleia	Balina
Barco	Bot
Camarão	Karides
Caranguejo	Yengeç
Coral	Mercan
Enguia	Yilan Baliği
Esponja	Sünger
Golfinho	Yunus
Marés	Gelgit
Medusa	Denizanasi
Ondas	Dalgalar
Ostra	İstiridye
Peixe	Balik
Polvo	Ahtapot
Recife	Resif
Sal	Tuz
Tartaruga	Kaplumbağa
Tempestade	Firtina
Tubarão	Köpekbaliği

Paisagens
Manzaralar

Cascata	Şelale
Caverna	Mağara
Colina	Tepe
Deserto	Çöl
Geleira	Buzul
Golfo	Körfez
Iceberg	Buzdaği
Ilha	Ada
Lago	Göl
Mar	Deniz
Montanha	Dağ
Oásis	Vaha
Oceano	Okyanus
Pântano	Bataklik
Península	Yarimada
Praia	Plaj
Rio	Nehir
Tundra	Tundra
Vale	Vadi
Vulcão	Volkan

Países #2
Ülkeler #2

Albânia	Arnavutluk
Dinamarca	Danimarka
França	Fransa
Grécia	Yunanistan
Haiti	Haiti
Indonésia	Endonezya
Irlanda	İrlanda
Jamaica	Jamaika
Japão	Japonya
Laos	Laos
Líbano	Lübnan
México	Meksika
Nepal	Nepal
Nigéria	Nijerya
Paquistão	Pakistan
Rússia	Rusya
Síria	Suriye
Somália	Somali
Ucrânia	Ukrayna
Uganda	Uganda

Pássaros
Kuşlar

Avestruz	Devekuşu
Águia	Kartal
Cegonha	Leylek
Cisne	Kuğu
Corvo	Karga
Cuco	Guguk
Flamingo	Flamingo
Frango	Tavuk
Gaivota	Marti
Ganso	Kaz
Garça	Balikçil
Ovo	Yumurta
Papagaio	Papağan
Pardal	Serçe
Pato	Ördek
Pavão	Tavus
Pelicano	Pelikan
Pinguim	Penguen
Pombo	Güvercin
Tucano	Tukan

Pesca
Balık Tutma

Água	Su
Barco	Bot
Brânquias	Solungaçlar
Cesta	Sepet
Exagero	Abarti
Fio	Tel
Gancho	Kanca
Isca	Yem
Lago	Göl
Mandíbula	Çene
Oceano	Okyanus
Paciência	Sabir
Peso	Ağirlik
Praia	Plaj
Rio	Nehir
Temporada	Sezon

Piratas
Korsanlar

Aventura	Macera
Âncora	Çapa
Bússola	Pusula
Capitão	Kaptan
Caverna	Mağara
Cicatriz	Yara İzi
Espada	Kiliç
Ilha	Ada
Lenda	Efsane
Mapa	Harita
Mau	Kötü
Moedas	Sikke
Oceano	Okyanus
Ouro	Altin
Papagaio	Papağan
Perigo	Tehlike
Praia	Plaj
Rum	Rom
Tesouro	Hazine
Tripulação	Mürettebat

Plantas
Bitkiler

Arbusto	Çali
Árvore	Ağaç
Baga	Dut
Bambu	Bambu
Botânica	Botanik
Cacto	Kaktüs
Erva	Ot
Feijão	Fasulye
Fertilizante	Gübre
Flor	Çiçek
Flora	Flora
Floresta	Orman
Folhagem	Yeşillik
Grama	Çimen
Hera	Sarmaşik
Jardim	Bahçe
Musgo	Yosun
Pétala	Yaprak
Raiz	Kök
Vegetação	Bitki Örtüsü

Praia
Plaj

Areia	Kum
Azul	Mavi
Barco	Bot
Caranguejo	Yengeç
Costa	Sahil
Doca	Dok
Guarda-Chuva	Şemsiye
Ilha	Ada
Lagoa	Lagün
Mar	Deniz
Oceano	Okyanus
Recife	Resif
Sandálias	Sandalet
Sol	Güneş
Toalha	Havlu
Veleiro	Yelkenli

Preencher
Doldurmak

Bacia	Havza
Balde	Kova
Bandeja	Tepsi
Barril	Fiçi
Bolso	Cep
Caixa	Kutu
Cesta	Sepet
Envelope	Zarf
Garrafa	Şişe
Gaveta	Çekmece
Jar	Kavanoz
Mala	Bavul
Pacote	Paket
Pasta	Klasör
Saco	Çanta
Tubo	Tüp
Vaso	Vazo

Profissões #1
Meslekler #1

Advogado	Avukat
Alfaiate	Terzi
Artista	Sanatçi
Astrônomo	Astronom
Banqueiro	Bankaci
Bombeiro	Itfaiyeci
Caçador	Avci
Cartógrafo	Haritaci
Dançarino	Dansçi
Editor	Editör
Embaixador	Büyükelçi
Encanador	Tesisatçi
Enfermeira	Hemşire
Geólogo	Jeolog
Joalheiro	Kuyumcu
Marinheiro	Denizci
Músico	Müzisyen
Pianista	Piyanist
Psicólogo	Psikolog
Veterinário	Veteriner

Profissões #2
Meslekler #2

Agricultor	Çiftçi
Astronauta	Astronot
Bibliotecário	Kütüphane
Biólogo	Biyolog
Cirurgião	Cerrah
Dentista	Dişçi
Engenheiro	Mühendis
Filósofo	Filozof
Fotógrafo	Fotoğrafçi
Ilustrador	Çizer
Inventor	Mucit
Investigador	Araştirmaci
Jardineiro	Bahçivan
Jornalista	Gazeteci
Linguista	Dilbilimci
Médico	Doktor
Piloto	Pilot
Pintor	Ressam
Professor	Öğretmen
Zoólogo	Zoolog

Restaurante # 2
Restoran #2

Aperitivo	Meze
Água	Su
Bolo	Kek
Cadeira	Sandalye
Colher	Kaşik
Delicioso	Lezzetli
Especiarias	Baharat
Fruta	Meyve
Garçom	Garson
Garfo	Çatal
Gelo	Buz
Legumes	Sebzeler
Macarrão	Erişte
Ovo	Yumurta
Peixe	Balik
Sal	Tuz
Salada	Salata
Sopa	Çorba

Restaurante #1
1 Numaralı Restoran

Alergia	Alerji
Café	Kahve
Carne	Et
Comer	Yemek
Cozinha	Mutfak
Faca	Biçak
Frango	Tavuk
Garçonete	Bayan Garson
Guardanapo	Peçete
Menu	Menü
Molho	Sos
Pão	Ekmek
Picante	Baharatli
Placa	Tabak
Reserva	Rezervasyon
Sobremesa	Tatli
Tigela	Tas

Roupas
Giyim

Avental	Önlük
Blusa	Bluz
Calça	Pantolon
Camisa	Gömlek
Chapéu	Şapka
Cinto	Kemer
Colar	Kolye
Jaqueta	Ceket
Jeans	Kot
Lenço	Eşarp
Luvas	Eldivenler
Meias	Çorap
Moda	Moda
Pijama	Pijama
Pulseira	Bilezik
Saia	Etek
Sandálias	Sandalet
Sapato	Ayakkabi
Suéter	Kazak
Vestido	Elbise

Surf
Sörf Yapmak

Atleta	Atlet
Campeão	Şampiyon
Espuma	Köpük
Estilo	Tarz
Estômago	Mide
Extremo	Aşiri
Força	Kuvvet
Oceano	Okyanus
Onda	Dalga
Popular	Popüler
Praia	Plaj
Principiante	Acemi
Rapidez	Hiz
Recife	Resif
Tempo	Hava

Tecnologia
Teknoloji

Arquivo	Dosya
Blog	Blog
Bytes	Bayt
Câmera	Kamera
Computador	Bilgisayar
Cursor	İmleç
Dados	Veri
Digital	Dijital
Estatísticas	İstatistik
Internet	İnternet
Mensagem	Mesaj
Navegador	Tarayici
Pesquisa	Araştirma
Segurança	Güvenlik
Software	Yazilim
Tela	Ekran
Virtual	Sanal
Vírus	Virüs

Tempo
Zaman

Agora	Şimdi
Ano	Yil
Antes	Önce
Anual	Yillik
Calendário	Takvim
Década	On Yil
Dia	Gün
Futuro	Gelecek
Hoje	Bugün
Hora	Saat
Manhã	Sabah
Meio-Dia	Öğle
Mês	Ay
Minuto	Dakika
Momento	An
Noite	Gece
Ontem	Dün
Passado	Geçmiş
Semana	Hafta
Século	Yüzyil

Tipos de Cabelo
Saç Tipleri

Branco	Beyaz
Brilhante	Parlak
Careca	Kel
Cinza	Gri
Colori	Renkli
Curto	Kisa
Encaracolado	Kivircik
Fino	Ince
Grosso	Kalin
Loiro	Sarişin
Longo	Uzun
Marrom	Kahverengi
Ondulado	Dalgali
Prata	Gümüş
Preto	Siyah
Saudável	Sağlikli
Seco	Kuru
Suave	Yumuşak
Trançado	Örgülü
Tranças	Örgü

Vegetais
Sebzeler

Abóbora	Kabak
Aipo	Kereviz
Alcachofra	Enginar
Alho	Sarimsak
Batata	Patates
Beringela	Patlican
Brócolis	Brokoli
Cebola	Soğan
Cenoura	Havuç
Cogumelo	Mantar
Couve-Flor	Karnabahar
Ervilha	Bezelye
Espinafre	Ispanak
Gengibre	Zencefil
Nabo	Şalgam
Pepino	Salatalik
Rabanete	Turp
Salada	Salata
Salsa	Maydanoz
Tomate	Domates

Veículos
Araçlar

Ambulância	Ambulans
Avião	Uçak
Balsa	Feribot
Barco	Bot
Bicicleta	Bisiklet
Caminhão	Kamyon
Caravana	Kervan
Carro	Araba
Foguete	Roket
Furgão	Van
Helicóptero	Helikopter
Jangada	Sal
Metrô	Metro
Motor	Motor
Ônibus	Otobüs
Pneus	Lastikler
Submarino	Denizalti
Táxi	Taksi
Trator	Traktör

Verão
Yaz

Alegria	Sevinç
Amigos	Arkadaşlar
Casa	Ev
Família	Aile
Jardim	Bahçe
Jogos	Oyunlar
Lazer	Boş
Livros	Kitaplar
Mar	Deniz
Mergulho	Daliş
Música	Müzik
Praia	Plaj
Relaxamento	Rahatlama
Sandálias	Sandalet
Viagem	Seyahat Etmek

Virtudes #1
Erdemler #1

Apaixonado	Tutkulu
Artístico	Sanatsal
Bom	İyi
Curioso	Merakli
Eficiente	Verimli
Encantador	Büyüleyici
Generoso	Cömert
Independente	Bağimsiz
Inteligente	Akilli
Limpo	Temiz
Modesto	Mütevazi
Paciente	Hasta
Prático	Pratik
Sábio	Bilge
Útil	Yararli

Xadrez
Satranç

Aprender	Öğrenmek
Branco	Beyaz
Campeão	Şampiyon
Concurso	Yarişma
Desafios	Zorluklar
Diagonal	Çapraz
Estratégia	Strateji
Jogador	Oyuncu
Jogo	Oyun
Oponente	Rakip
Passivo	Pasif
Preto	Siyah
Rainha	Kraliçe
Regras	Tüzük
Rei	Kral
Sacrifício	Kurban
Tempo	Zaman
Torneio	Turnuva

Parabéns

Conseguiu!

Esperamos que tenha gostado tanto deste livro como nós gostamos de o desenhar. Esforçamo-nos por criar livros da mais alta qualidade possível.
Esta edição foi concebida para proporcionar uma aprendizagem inteligente, de qualidade e divertida!

Gostou deste livro?

Um simples pedido

Estes livros existem graças às críticas que publica.
Pode ajudar-nos, deixando agora uma revisão?

Aqui está um pequeno link para
a sua página de revisão:

BestBooksActivity.com/Avaliacoes50

DESAFIO FINAL!

Desafio n° 1

Está pronto para o seu jogo grátis? Usamo-los a toda a hora, mas não são tão fáceis de encontrar - aqui estão os **Sinônimos!**
Escreva 5 palavras que encontrou nos puzzles (n° 21, n° 36, n° 76) e tente encontrar 2 sinónimos para cada palavra.

Escreva 5 palavras de *Puzzle 21*

Palavras	Sinônimo 1	Sinônimo 2

Escreva 5 palavras de *Puzzle 36*

Palavras	Sinônimo 1	Sinônimo 2

Escreva 5 palavras de *Puzzle 76*

Palavras	Sinônimo 1	Sinônimo 2

Desafio n° 2

Agora que já aqueceu, escreva 5 palavras que encontrou nos Puzzles (n° 9, n° 17 e n° 25) e tente encontrar 2 antônimos para cada palavra. Quantos se podem encontrar em 20 minutos?

Escreva 5 palavras de **Puzzle 9**

Palavras	Antônimo 1	Antônimo 2

Escreva 5 palavras de **Puzzle 17**

Palavras	Antônimo 1	Antônimo 2

Escreva 5 palavras de **Puzzle 25**

Palavras	Antônimo 1	Antônimo 2

Desafio n° 3

Óptimo! Este desafio final não é nada para si.

Pronto para o desafio final? Escolha 10 palavras que tenha descoberto nos diferentes puzzles e escreva-as abaixo.

1.	6.
2.	7.
3.	8.
4.	9.
5.	10.

Agora escreva um texto a pensar numa pessoa, num animal ou num lugar de seu agrado.

Pode utilizar a última página deste livro como um rascunho.

A Sua Composição:

CADERNO DE NOTAS:

ATÉ BREVE!

A equipa Inteira

DESCUBRA JOGOS GRATUITOS

GO

BESTACTIVITYBOOKS.COM/FREEGAMES

www.ingramcontent.com/pod-product-compliance
Lightning Source LLC
Chambersburg PA
CBHW082040120626
46553CB00011B/3232